Les Cadiens et leurs ancêtres acadiens

Les Cadiens et leurs ancêtres acadiens

l'histoire racontée aux jeunes

Par Shane K. Bernard

Traduit de l'anglais par Faustine Hillard

University Press of Mississippi / Jackson

www.upress.state.ms.us

The University Press of Mississippi is a member of
the Association of American University Presses.

Designed by Todd Lape

First printing 2013

Library of Congress Cataloging-in-Publication Data

Bernard, Shane K.
  Cajuns and their Acadian ancestors : a young
reader's history / Shane K. Bernard
    p. cm.
  Includes bibliographical references and index.
  ISBN 978-1-934110-78-2 (cloth : alk. paper) 1.
Cajuns—Louisiana—History—Juvenile literature.
2. Cajuns—Social life and customs—Juvenile
literature. 3. Cajuns—Ethnic identity—Juvenile
literature. 4. Acadians—History—Juvenile
literature. 5. Acadians—Migrations—History—
Juvenile literature. I. Title.
  F380.A2B47 2008
  305.84'10763—dc22   2007033462

British Library Cataloging-in-Publication Data
available

Translation funding provided by the Québec
Government Office in Atlanta, Georgia, and the
Québec Department of International Relations /
Traduit avec l'appui financier de la Délégation
du Québec à Atlanta, Géorgie, et du Ministère
des Relations internationales du Québec.

"Contre Vents, Contre Marées," paroles et musique
Zachary Richard, Les Editions du Marais Bouleur,
from the Audiogram recording *Coeur Fidèle* © 2000.

Sieur de Dièreville, *Relation of the Voyage to Port
Royal in Acadia or New France*, trans. Mrs. Clarence
Webster (Toronto: Champlain Society, 1933).
Published with permission of the Champlain
Society.

Jean-François Mouhot, ed., "Letter by Jean-Baptiste
Semer, an Acadian in New Orleans, to His Father
in Le Havre, April 20, 1766," trans. Bey Grieve,
Louisiana History 48 (Spring 2007): 219–26.
Published with permission of Jean-François
Mouhot and the Louisiana Historical Association.

The Dennis McGee quotation in the Cajun
surname sidebar is from Carl Lindahl, "'It's
Only Folklore . . .': Folklore and the Historian,"
Louisiana History 26 (Spring 1985): 141.

Pour Colette et Alexandre

Sommaire

Au début des années 1600, des cultivateurs français quittent leur pays pour s'installer
en Nouvelle-Écosse (Acadie) ; ils apprennent à survivre au Nouveau Monde à l'aide
des peuples autochtones et développent peu à peu une identité distincte.

Les Acadiens voient qu'ils constituent l'enjeu stratégique du bras de fer entre la France
et la Grande-Bretagne pour la maîtrise de cette colonie importante. Il en résulte
l'expulsion brutale et massive du peuple acadien par les soldats britanniques en 1755.

Après des années d'errance, les Acadiens se réfugient en Louisiane,
colonie espagnole (jadis gouvernée par la France) et adoptent cette région
rude et subtropicale comme nouvelle patrie.

Les Acadiens se marient avec d'autres colons du sud de la Louisiane et,
vers le milieu du dix-neuvième siècle, un nouveau groupe ethnique,
toutefois francophone, s'impose : les Cadiens.

Préface

Je me suis d'abord intéressé à la culture cadienne lorsque j'étais adolescent. À cette époque, je passais des heures sans fin à la bibliothèque municipale à faire des recherches sur mes ancêtres cadiens et acadiens. Très peu de livres sérieux avaient été écrits sur l'histoire de ces deux peuples métissés, et rarissimes étaient ceux destinés à un public de jeunes lecteurs. À vrai dire, aucun livre d'histoire sur ce sujet n'avait été conçu à l'intention exclusive du jeune lecteur.

Devenu historien de profession et père de famille des dizaines d'années plus tard, je souhaitais que mes deux enfants puissent lire et étudier l'histoire de leur héritage à l'aide de documents sérieux. Mais même après tant d'années, il n'existait aucun ouvrage sur ce sujet pour les jeunes.

Je me suis résolu à combler cette lacune en écrivant le premier livre d'histoire sur les Cadiens, leurs ancêtres, les Acadiens, destiné aux élèves du secondaire. Au fil des pages suivantes, je propose un survol historique – concis et convivial – du périple du peuple acadien et cadien de 1604 à nos jours.

La première moitié du livre traite de la question des ancêtres des Cadiens – les Acadiens – qui, en 1600, ont quitté la France pour l'Acadie (aujourd'hui la Nouvelle-Écosse), dans l'est du Canada. J'y examine de près l'événement historique le plus critique de l'histoire acadienne : l'expulsion violente des Acadiens de leurs terres, chamboulement qui, à partir de 1755, fit venir environ trois mille exilés acadiens en Louisiane à la recherche d'une terre d'accueil.

Ensuite, je dresse le portrait des Cadiens, peuple nouveau qui, à la seconde moitié du dix-neuvième siècle, émerge du métissage avec d'autres groupes ethniques dans le sud de la Louisiane. Tout en constituant un nouveau peuple, ils ont su maintenir de nombreux liens avec leur héritage acadien. Dans cette section, je retrace l'évolution du peuple cadien au cours d'un siècle et demi et montre comment des événements comme la Deuxième Guerre mondiale et l'avènement de la télévision et de la musique rock, notamment, ont exercé une influence sur les Cadiens de nos jours.

J'espère que cet ouvrage permettra aux jeunes lecteurs de mieux connaître les Cadiens et leurs ancêtres acadiens et qu'il contribuera, ne serait-ce que modestement, à la survie de la culture cadienne.

—SHANE K. BERNARD

Les Cadiens et leurs ancêtres acadiens

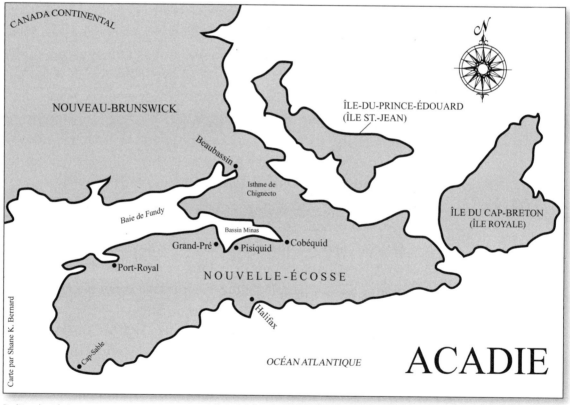

De l'Acadie à la Louisiane

Chapitre premier

Les Acadiens

Les ancêtres des Cadiens arrivèrent en Louisiane d'une terre nommée *Acadie*. Celle-ci recouvrait une région assez mal définie, mais qui correspond de nos jours aux provinces maritimes de l'est du Canada : la Nouvelle-Écosse, le Nouveau-Brunswick et l'Île-du-Prince-Édouard (voir la carte géographique).

Certains historiens estiment que les voyageurs européens nommèrent leur pays d'après une région de la Grèce antique appelée *l'Arcadie*, dont les poètes faisaient l'éloge en raison de son abondance et sa vie champêtre et paisible. D'autres historiens soutiennent que les explorateurs se sont plutôt inspirés d'une expression venant des Amérindiens de la région, pour qui *akadie* signifie « lieu d'abondance ». Selon cette théorie, les autochtones vivaient en Acadie depuis bien longtemps quand les Européens sont arrivés. Les peuples indigènes de cette région s'appelaient les Micmacs (parfois écrit Mi'kmaqs ou Míkmaqs).

Nomades, les Micmacs déplaçaient leur camp selon les saisons. Au printemps, ils vivaient près de la mer où ils pratiquaient la pêche à la morue et au homard, la chasse au phoque et au morse, et la récolte de palourdes et d'huîtres. L'automne, ils habitaient près de la forêt où ils chassaient le caribou, l'orignal, le cerf, le castor, la loutre et les oiseaux sauvages et pêchaient dans les lacs et les ruisseaux le hareng, le saumon et l'esturgeon. Les Micmacs partageaient leurs connaissances de la nature avec les habitants acadiens, techniques qui permettaient aux colons de survivre dans un nouvel environnement souvent hostile.

Mais les Acadiens n'étaient pas les premiers Européens à entrer en contact avec ces peuples autochtones. Beaucoup d'Européens avaient franchi les côtes acadiennes lorsqu'au seizième siècle des pêcheurs venus de France, d'Espagne, d'Angleterre et du Portugal ont traversé l'océan Atlantique à la recherche de morue, source principale de ravitaillement pour l'Europe. Ces pêcheurs ont débarqué en Acadie pour saler et faire sécher leurs prises pour qu'elles ne se gâtent pas au cours du long voyage de retour. Malgré la rigueur du climat, certains pêcheurs y hivernaient afin de protéger leur entreprise de séchage et, en même temps, faire les préparatifs pour la prochaine saison de pêche.

En 1604, les Européens ont établi leur première colonie en Acadie pour s'approvisionner non seulement en morue, mais aussi pour obtenir un produit encore plus précieux : la fourrure. Pierre de Monts, un aristocrate français, fonda cette première colonie européenne permanente après avoir reçu de la part du roi de France, Henri IV, une *seigneurie* (une concession de terre octroyée par le roi) en Acadie. En tant que *seigneur* (propriétaire foncier), de Monts avait le droit de louer de petites parcelles de terre aux colons français.

De Monts était accompagné d'un équipage de soixante-quinze hommes (aucune femme ni enfant n'ayant pris part à l'expédition). Ensemble, ils ont exploré la Baie Française (la baie de Fundy) pour y trouver un emplacement convenable. Ils choisirent une île à l'embouchure du fleuve Sainte-Croix, dans le Maine actuel. L'hiver, livrés à eux-mêmes pour affronter les intempéries, trente-cinq hommes moururent du scorbut, maladie provoquée par une carence nutritive.

L'été suivant, lorsque des navires venant de France arrivèrent chargés d'hommes et de fournitures, de Monts déplaça la colonie

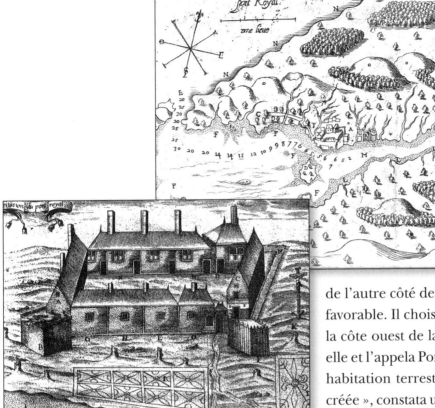

Carte du Bassin de Port Royal avec le fort à Port Royal tel qu'il figurait au début des années 1600 en gros plan. Extrait de Samuel de Champlain, Les Voyages (1613), 23, 99.

de l'autre côté de la baie sur un site plus favorable. Il choisit un emplacement sur la côte ouest de la Nouvelle-Écosse actuelle et l'appela Port-Royal – « la plus belle habitation terrestre que Dieu ait jamais créée », constata un des habitants. C'était un emplacement idéal, car les graines apportées d'Europe par les colons poussèrent de façon exponentielle dans les terres fertiles le long de la baie. « *Le seigle s'éleva à la hauteur de l'homme le plus grand parmi nous* », écrivit un témoin, et le blé « *poussa aussi parfaitement que le plus beau blé de France* ».

La région abondait en animaux sauvages. Un colon remarqua : « *Nous mangeons des homards de la taille de petits enfants, des saumons et des truites saumonées en quantité, des oiseaux divers et étranges, des faucons de toutes sortes, des colombes, des tourterelles, des faisans, des perdrix, des corneilles, des sortes de poules, des dindes sauvages, des grues, des hérons, une quantité infinie d'oies, trois ou quatre espèces de canards, des bécassines, des cormorans, et des oiseaux de mer en masse, des baleines, des phoques, des castors, des otaries* ».

À Port-Royal, les hommes bâtirent des habitations et construisirent une forteresse modeste pour assurer la défense de la colonie. Ils défrichèrent la forêt alentour pour en faire des champs cultivables, puis y semèrent des graines : blé, seigle, orge, haricots et pois. Ils élevèrent les animaux de ferme qu'ils avaient amenés d'Europe : cochons, moutons et poules. Ils fabriquèrent une forge pour façonner des instruments en fer afin de cultiver leurs champs : des haches, des houes et des bêches. Ils construisirent un moulin à eau pour moudre les graines afin d'en faire du pain. Ils installèrent un four pour obtenir de la chaux, une matière qui sert à sceller les briques et les pierres, et caler les fentes dans les murs des maisons.

Lorsque les premiers Acadiens n'étaient pas occupés aux champs, à la forge, au four ou au moulin, ils pratiquaient la chasse et la pêche, et récoltaient des fruits de mer pour se nourrir. Ils faisaient du troc avec les Micmacs qui habitaient une communauté voisine. Aux autochtones, les Acadiens proposaient des chaudrons en fonte, des bouilloires et des haches qui venaient de France, auxquels s'ajoutaient des armes à feu. En contrepartie, les Micmacs fournissaient aux habitants des peaux de castor, d'otarie, de cerf et de phoque que ceux-ci vendaient en Europe à grand profit.

La petite colonie du sieur de Monts s'épanouit, mais ses ennemis en France incitèrent le roi à lui enlever ses droits. C'est ainsi qu'en 1607, de Monts et ses hommes se virent obligés de quitter Port-Royal, mettant fin à l'établissement permanent européen qui jusqu'alors avait survécu le plus longtemps en Amérique du Nord, hormis la Floride (occupée par l'Espagne depuis 1565).

Port-Royal resta désert pendant trois ans. En 1610, un *seigneur* dénommé Jean de Poutrincourt retourna en Acadie avec la permission de rétablir Port-Royal. Poutrincourt et son équipe d'à peu près vingt-cinq hommes cultivèrent de nouveau les champs et reprirent la traite des fourrures avec les Micmacs.

La colonie reprit son essor, mais en 1613, le malheur revint s'abattre sur Port-Royal lorsque le gouverneur britannique de

Un trappeur canadien-français des années 1600 salue un Amérindien. Source : *Harper's New Monthly Magazine,* février 1892, 383.

Virginie, une colonie rivale du Sud, ordonna au corsaire redoutable Samuel Argall de détruire la colonie. Réputé surtout pour avoir kidnappé la jeune Autochtone Pocahontas, Argall chassa les hommes de Poutrincourt, vola leurs possessions, égorgea leur bétail et rasa Port-Royal en y mettant le feu. Désespéré, sa colonie en ruines, Poutrincourt rentra en France, forçant son fils, Charles Biencourt, à quitter Port-Royal pour se réfugier au Cap-Sable à l'extrémité sud de la péninsule. De là, Biencourt redonna vie à la colonie. Trois ans après le raid, Biencourt réussit à envoyer vingt-cinq mille peaux en France. Mais en 1628, des immigrants écossais occupèrent le site abandonné de Port-Royal, menaçant du coup les droits de la France sur l'Acadie. Les Écossais rebaptisèrent la colonie Nova Scotia, nom latin signifiant Nouvelle-Écosse. La désignation ne devint officielle que bien des années plus tard.

En 1632, les Britanniques remirent l'Acadie à la France par le Traité de Saint-Germain-en-Laye. Les occupants écossais s'en retirèrent et Port-Royal redevint la capitale de l'Acadie française. À cette époque, le gouvernement français créa la Compagnie de la Nouvelle-France pour gérer la colonie de façon plus efficace. La compagnie prévoyait y accroître le commerce de la fourrure en peuplant la colonie d'*engagés* à contrat déterminé. Ces hommes s'engageaient comme trappeurs au service de la Compagnie qui leur avançait les frais de voyage en Amérique et leur donnait un terrain cultivable. Après cinq ans de service, les *engagés* étaient libres de poursuivre leurs propres intérêts sur place.

Le nouveau gouverneur de l'Acadie, Isaac de Razilly, prit des *engagés* venant des environs de La Chaussée, ville dans une région pauvre et rurale située dans le Centre-Ouest de la France (voir la carte géographique). Ces colons quittèrent la France à cause des désastres naturels et humains qui accablaient leur région. Des sécheresses, par exemple, avaient déclenché des famines et des épidémies telles que la peste de 1631, l'une des plus meurtrières de l'histoire de France. La violence entre catholiques et protestants dévasta la région et enfanta une société sans loi où voleurs et mercenaires pullulaient. De surcroît, la hausse des impôts minait davantage le niveau de vie, déjà précaire, des habitants.

La majorité des *engagés* de Razilly fut constituée de paysans du Centre-Ouest, désespérés mais audacieux. Ils recherchaient en Acadie une nouvelle vie ainsi que la possibilité de posséder leurs propres terres, réalité qu'ils n'avaient jusqu'alors jamais connue en France, mais qu'ils estimaient indispensable à leur liberté et à leur épanouissement.

Ces *engagés* partageaient des traits culturels grâce à leur origine commune : le français, le catholicisme et une souche paysanne. Cette ressemblance contribua à constituer une société pionnière

ANGLETERRE

BELGIQUE

ALLEMAGNE

LUXEMBOURG

MANCHE

● Paris

OCÉAN
ATLANTIQUE

SUISSE

CENTRE-
OUEST

FRANCE

𝒩

ITALIE

ESPAGNE

MER MÉDITERRANÉE

Carte par Shane K. Bernard

soudée, évoluant rapidement en un peuple nouveau qui ne se considérait pas comme français, mais plutôt comme acadien.

Les « premières familles » d'Acadie – qui ensemble comptaient environ trois cents âmes – arrivèrent avec Razilly en 1632. Beaucoup d'entre elles portaient des noms de famille que l'on trouve chez les Cadiens de nos jours : Boudreaux (Boudrot), Bourgeois, Breaux (Breau, Brault), Comeaux (Comeau), Cormier, Doucet, Girouard, Hebert, LeBlanc, Theriot (Terriot, Terriault) et Thibodeaux (Thibodeau), entre autres. Pour assurer leur survie dans une vaste nature inculte, ces familles pionnières avaient amené avec eux du bétail, des semences, des outils, des armes ainsi que d'autres provisions.

À Port-Royal, elles construisaient leurs habitations en tassant les rondins dans le style des cabanes traditionnelles en bois (une méthode qu'on appelle « pièce sur pièce ») ou en plantant des poteaux côte à côte dans la terre, style dit « piquets », « poteaux » ou « planches debout en terre ». En outre, des archéologues ont récemment découvert des preuves démontrant que certains Acadiens bâtissaient leurs maisons selon un troisième style, avec des charpentes sur fondation de pierre soutenant des poteaux solides ou des poutres. Ils construisirent en forme rectangulaire leurs demeures à une ou deux pièces qu'ils meublaient simplement : une table, des lits, des chaises recouvertes de peaux ainsi que des coffres pour ranger leurs habits. Parfois, un grenier ou « garçonnière » servait de chambre à coucher aux garçons.

Outre les terres à Port-Royal où ils avaient le droit d'établir leurs habitations, la Compagnie de la Nouvelle-France offrait aux Acadiens des champs à cultiver situés près de la colonie. Mais les meilleures terres acadiennes provenaient littéralement de la mer. Les Acadiens construisirent un système de digues qui asséchait la côte marécageuse inondée régulièrement par la marée haute. Ils réalisèrent ces digues en enfonçant dans la terre des rangées de bûches parallèles et en remplissant les espaces entre elles avec

La construction des aboiteaux

En 1699, un chirurgien français dont l'histoire n'a retenu que le nom de sieur de Dièreville arriva à Port-Royal. Il y resta près d'un an avant de retourner en France, où il publia une chronique de ses expériences, *Relation du Voyage du Port-Royal de l'Acadie ou de la Nouvelle-France (1708),* qui comporte une description de la construction des aboiteaux en Acadie :

« *Il en coûte beaucoup pour accommoder les terres qu'on veut cultiver, celles qu'ils appellent Hautes et qu'il faut défricher dans les Bois ne sont pas bonnes, le grain n'y lève pas bien, et quelque peine que l'on prenne pour le faire venir par des Engrais dont on a très-peu, on n'y recueille presque rien, et on est quelquefois contraint de les abandonner. Il faut pour avoir des Blés dessécher les Marais que la Mer en pleine marée inonde de ses eaux, et qu'ils appellent les Terres Basses ; celles-là sont assez bonnes, mais quel travail ne faut-il pas faire pour les mettre en état d'être cultivées ? On n'arrête pas le cours de la Mer aisément ; cependant les Acadiens en viennent à bout par les puissantes Digues qu'ils appellent Aboiteaux, et voici comment ils font ; ils plantent cinq ou six rangs de gros arbres tout entiers aux endroits par où la Mer entre dans les Marais, et entre chaque rang ils couchent d'autres arbres les uns sur les autres, et garnissent tous les vides si bien avec de la terre glaise bien battue, que l'eau n'y saurait plus passer. Ils ajoutent au milieu de ces Ouvrages une [écluse] de manière qu'elle permet à la marée basse, à l'eau des Marais de s'écouler par son impulsion, et défend à celle de la Mer d'y entrer. Un travail de cette nature qu'on ne fait qu'en certains temps où la Mer ne monte pas si haut, coûte beaucoup à faire, et demande bien des journées ; mais la moisson abondante qu'on en retire dès la féconde année, après que l'eau du Ciel a lavé ces terres, dédommage des frais qu'on a faits. Comme elles appartiennent à plusieurs, ils y travaillent de concert : si ce n'était qu'à un Particulier, il faudrait qu'il payât les autres, ou bien que dans d'autres travaux, il leur donnât autant de journées qu'on en aurait employé pour lui, et c'est comment ils s'accommodent ordinairement entre eux* ».

*Dièreville, N. de. *Relation du Voyage du Port-Royal de l'Acadie ou de la Nouvelle-France*. Boston, Mass.: Adamant Media Corporation, 2007.

d'autres rondins de bois et une glaise épaisse ou bien des touffes
de gazon entassées les unes sur les autres. D'à peu près cinq pieds
de hauteur et dix pieds d'épaisseur, ces murs empêchaient l'eau
de la mer de se déverser dans les marais, permettant ainsi aux
Acadiens d'y cultiver leurs récoltes. La mise en place de digues
fournit une telle abondance de nouvelles terres fertiles que les
Acadiens continuèrent cette pratique partout où ils s'installaient
dans la colonie.

Pour survivre, les Acadiens pratiquaient une agriculture
vivrière, c'est-à-dire qu'ils consommaient leurs propres produits et
ne récoltaient qu'un modeste surplus destiné au commerce. Leurs
champs donnaient des céréales, des pois, des haricots, des choux,
du maïs et des navets. Les Acadiens plantaient également des vergers de pommiers, de poiriers, de pruniers et de cerisiers. Leurs
étables regorgeaient de bétail, de chèvres, de poules, de cochons
et de moutons, dont ils obtenaient du lait, du beurre, des œufs et
de la viande. Des nombreux érables de la région, ils tiraient du
sirop. Ils cueillaient des bourgeons de sapin pour faire de la bière
et fermentaient du jus de pomme pour préparer du cidre.

Les Acadiens produisaient non seulement leur propre nour-
riture, mais aussi des objets de la vie courante. Les hommes, par
exemple, fabriquaient des meubles en bois taillés à la hache ainsi
que des outils en fer pour cultiver la terre, tandis que les femmes
tissaient leur propre linge à partir du lin cultivé et de la laine
obtenue des moutons. De ces étoffes, elles fabriquaient les vêtements pour la colonie : chemises, pantalons, robes, couvre-chefs
et bas. Pour se chausser, les Acadiens façonnaient des mocassins
de peau de bétail ou d'orignal. Parfois, ils creusaient des sabots en
bois pour se protéger de l'humidité du sol.

En dehors de l'agriculture, certains Acadiens travaillaient
comme artisans spécialisés : menuisiers, tonneliers, armuriers,
maçons et forgerons. Selon la saison, ils chassaient, pêchaient,
et posaient des pièges pour approvisionner la Compagnie de la
Nouvelle-France en ces peaux tant prisées.

Vue du Bassin des Mines en Acadie. Source : Margaret Avery Johnston, compilatrice et rédactrice, *In Acadia*, (New Orleans : Hansell, 1893), 13.

L'appât du gain provoqua bientôt des conflits internes dans le groupe. Lorsque Razilly mourut en 1635, deux seigneurs rivaux convoitaient l'Acadie et ses droits d'exploitation de fourrures. L'un des adversaires, Charles d'Aulnay, revendiqua le poste de gouverneur, prétendant avoir succédé à Razilly. Son rival, Charles de la Tour, riposta en affirmant que le poste devait lui revenir à la mort de Razilly, mais qu'il en avait été privé par d'Aulnay.

Le gouvernement français aurait pu régler la dispute sans incident, mais malheureusement il estimait que l'Acadie était trop lointaine et insignifiante pour s'en préoccuper. Ne disposant que de peu de soldats chacun, le conflit entre d'Aulnay et de la Tour s'étendit aux Acadiens qui, normalement paisibles, se voyaient pris entre les deux seigneurs. Les escarmouches sanglantes durèrent quinze ans avant que d'Aulnay ne réussisse à exiler de la Tour. Mais lorsque d'Aulnay se noya au cours d'un accident de bateau, de la Tour ne tarda pas à revenir à l'assaut de la colonie. Épousant la veuve de d'Aulnay, il se proclama gouverneur de l'Acadie.

Cette petite guerre civile marqua l'histoire de la colonie. Il en résulta un gaspillage de vies et de ressources, et la population était plus vulnérable aux ennemis étrangers. En 1654, les Britanniques

profitèrent de la faiblesse de l'Acadie pour arracher la colonie à
la France. L'occupation dura plus de quinze ans, mais produisit
un effet heureux : les Acadiens oublièrent la rivalité entre les seigneurs et les droits de piégeage, et s'unirent contre un ennemi
commun – les Britanniques tant haïs.

Lorsque la France reprit la colonie en 1670, les Acadiens con-
stituaient déjà un peuple indépendant. Leur patrie n'était plus la
France, mais le territoire acadien au Nouveau Monde. De la même
manière, ils ne se considérèrent pas comme Français mais plutôt
comme Acadiens.

Un recensement de l'époque compta quatre cents colons
en Acadie, la plupart près de Port-Royal. Mais une pénurie de
terres cultivables autour de la capitale poussa les jeunes Acadiens
à fonder de nouvelles communautés à l'intérieur de la colonie.
En 1671, les Acadiens colonisèrent Beaubassin ; en 1682, Grand-
Pré ; en 1689 ; Cobéquid ; et en 1698, Chepody.* Ce chapelet de
communautés situé au nord-est de Port-Royal s'étendait le long
du bassin des Mines jusqu'à la côte sud du Nouveau-Brunswick
d'aujourd'hui, en suivant l'isthme de Chignecto qui relie la péninsule acadienne au continent canadien.

Ces avant-postes prirent rapidement leur essor et bientôt
assurèrent la survie de cent à trois cents colons. Souvent dans ces
communautés isolées, les cousins se mariaient entre eux, une tradition qui donna de grandes familles aux liens étroits et aux alli-
ances claniques. Ceci, combiné avec la vie difficile dans l'arrière-
pays, contribua d'autant plus à faire naître parmi les Acadiens la
notion d'une identité distincte.

---

*Ces trois communautés furent établies par des Acadiens qui avaient des noms de famille qui sont très
courants aujourd'hui dans le sud de la Louisiane : Jacques Bourgeois, qui établit Beaubassin ; Mathieu
Martin, qui constitua Cobéquid ; et Pierre Melanson, qui fonda Grand-Pré.

Chapitre deux

L'expulsion

Après quarante ans de règne français ininterrompu, le trouble s'empara de nouveau de l'Acadie lorsqu'en 1710 les Britanniques reprirent possession de la colonie. Trois ans plus tard, la France céda définitivement son territoire à l'Angleterre par le traité d'Utrecht. Ce traité permit aux Acadiens de décider s'ils voulaient abandonner la colonie avec leurs biens ou plutôt rester dans leurs fermes précieuses. Il exigea en même temps que les Britanniques accordent la liberté de culte aux Acadiens encore dans la colonie, officiellement rebaptisée alors la Nouvelle-Écosse. En plus, en 1713 un décret britannique – la Proclamation de la reine Anne – assura aux Acadiens demeurant en Nouvelle-Écosse le plein droit à la propriété.

Malgré cette générosité apparente, les nouveaux dirigeants anglophones de la colonie anglaise formulèrent une exigence qui allait tourmenter tant les Acadiens que les Britanniques pour des décennies à venir : le serment d'allégeance absolue à la Couronne britannique.

Après de nombreuses disputes, les Acadiens consentirent en 1717 à prêter un serment d'allégeance conditionnelle. Ils proposèrent de jurer fidélité à condition de pouvoir rester neutre en temps de guerre. Les Acadiens décrétèrent eux-mêmes : « Nous ne lèverons nos armes ni contre sa Majesté britannique, ni contre la France, ni contre leurs sujets ou alliés ». Les Acadiens considéraient cette condition indispensable, car la loyauté à l'Angleterre en temps de guerre suscitait des attaques de la part des forces françaises et autochtones qui rôdaient dans les parages.

Les pourparlers traînèrent plus de dix ans, durant lesquels les Britanniques exigeaient un serment d'allégeance absolue à la Couronne britannique tandis que les Acadiens refusaient de s'y plier sans la garantie de neutralité en temps de guerre. Enfin, les deux camps arrivèrent à un compromis appelé les Conventions de 1730 (*convention* veut dire accord). Ce compromis accorda aux Acadiens précisément ce qu'ils demandaient : la neutralité en temps de guerre contre un serment d'allégeance à la Couronne britannique.

Pourtant, les responsables britanniques jouaient double jeu. Ils avaient menti aussi bien aux Acadiens qu'à leurs supérieurs hiérarchiques à Londres. Aux Acadiens, ils signalèrent faussement que Londres avait accepté leur demande de neutralité en temps de guerre, alors qu'à Londres ils racontèrent que les Acadiens avaient abandonné leur demande de neutralité en temps de guerre. Cette duplicité acheta vingt ans de paix en Nouvelle-Écosse, durant lesquels les Acadiens vécurent tranquillement dans l'illusion que la question du serment d'allégeance absolue avait été résolue.

Pendant ce temps, les Britanniques profitèrent de la paix apparente pour affermir leur emprise en Nouvelle-Écosse. Ils établirent une nouvelle capitale fortifiée, Halifax, qu'ils peuplèrent de colons anglophones loyaux. En même temps, ils construisirent des forts sur l'isthme de Chignecto, fermant ainsi la frontière de la colonie avec le Canada français.

Une fois leur emprise sur la Nouvelle-Écosse assurée, les Britanniques exigèrent à nouveau – et à la grande surprise des Acadiens – un serment d'allégeance absolue en 1749. Les Acadiens évoquèrent les Conventions de 1730 qu'ils considéraient encore en vigueur, et proposèrent même de renouveler ce contrat qui datait de vingt ans.

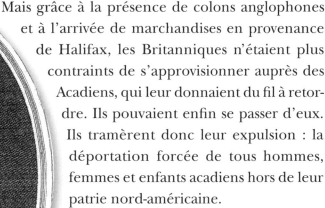

Mais grâce à la présence de colons anglophones et à l'arrivée de marchandises en provenance de Halifax, les Britanniques n'étaient plus contraints de s'approvisionner auprès des Acadiens, qui leur donnaient du fil à retordre. Ils pouvaient enfin se passer d'eux. Ils tramèrent donc leur expulsion : la déportation forcée de tous hommes, femmes et enfants acadiens hors de leur patrie nord-américaine.

En 1754, le colonel Charles Lawrence devint lieutenant-gouverneur de la Nouvelle-Écosse. Mais lorsque le gouverneur en place rentra en Angleterre pour des raisons de santé, Lawrence prit la colonie en main avec une autorité suprême. Il investit sa fonction d'une haine intense contre les Français et envers tous ceux qu'il croyait être bien disposés à leur égard. Il mettait les Acadiens dans ce camp de sympathisants – après tout, ils parlaient français et leurs ancêtres étaient venus de France.

Charles Lawrence, officier britannique responsable de l'expulsion des Acadiens. Source : Tobias George Smollett, *Continuation of the Complete History of England* (London : Baldwin, 1760), vol. 1. Permission de Beinecke Rare Book and Manuscript Library, Yale University.

Non seulement Lawrence considérait-il les Acadiens comme des ennemis potentiels en temps de guerre, mais il redoutait leur essor démographique. En 1755, près de quinze mille Acadiens habitaient la Nouvelle-Écosse, un chiffre bien supérieur au nombre de soldats britanniques qui s'y trouvaient. Le lieutenant-gouverneur convoita aussi les terres de première qualité que les Acadiens avaient arrachées à la mer après des générations d'endiguement. « Comme ils possèdent les meilleures terres de cette province, et les plus grandes, écrit Lawrence, on ne peut résoudre la question tant qu'ils y demeurent [. . .], je ne peux qu'être de l'opinion qu'il serait préférable, s'ils refusent de prêter serment, qu'ils soient ailleurs ».

Lawrence décida de purger la colonie des Acadiens, en expul-
sant avec violence la population entière. Il expliqua au conseil
colonial qui gérait la région qu'il avait l'intention de « se débar-
rasser d'un peuple qui ferait à jamais obstacle à la colonisation ».
De plus, son intention était d'éparpiller les Acadiens en petits
groupes à travers les colonies britanniques de l'Amérique du
Nord, où ils seraient assimilés à la culture majoritaire anglophone. Répartis « parmi les colonies », écrivit Lawrence, les
Acadiens « pourront être utiles, car beaucoup d'entre eux sont
en bonne santé et costauds. Comme ils ne pourront plus se ras-
sembler aisément, ils ne pourront causer grief ». Les Acadiens
cesseraient d'exister en tant que peuple distinct, raisonna-t-il,
et ne rentreraient alors plus jamais réclamer leurs terres en
Nouvelle-Écosse.

Lawrence planifia l'expulsion avec le concours de ses parte-
naires des colonies de la Nouvelle-Angleterre. Un de ses alliés,
le Gouverneur William Shirley du Massachusetts, commandait
une vaste armée de soldats britanniques bien équipés. Lawrence
massa les troupes de Shirley en Nouvelle-Écosse et fit tomber Fort
Beauséjour, forteresse stratégique des Acadiens sur l'isthme de
Chignecto. Il voulait empêcher la fuite des Acadiens au Canada,
où ils prépareraient certainement, craignait-il, leur rentrée en
Nouvelle-Écosse. Lawrence déploya ces troupes de la Nouvelle-
Angleterre pour s'emparer des armes des Acadiens, malgré les
supplications de ces derniers de les leur laisser car ils en avaient
besoin, affirmaient-ils, pour « défendre notre bétail lorsqu'il est
attaqué par des bêtes sauvages ou pour la protection de nos enfants
et de nous-mêmes ». Sans armes à feu, les Acadiens seraient sans
défense contre l'agression imminente des Britanniques.

Soutenu par le conseil colonial de la Nouvelle-Écosse, Lawrence
entama l'expulsion lors de l'été de 1755. Il convoqua à Halifax
tous les hommes acadiens de la colonie, sous prétexte de discuter
de la restitution de leurs armes à feu confisquées. Mais lorsque les
Acadiens arrivèrent, Lawrence leur ordonna de prêter un serment

Les hommes acadiens sont arrêtés par les soldats britanniques. Source : William Cullen Bryant, Sidney Howard Gay et Noah Brooks, *Scribner's Popular History of the United States* (New York : Scribner's, 1896), 3:279.

d'allégeance absolue. Les Acadiens contestèrent, tout en rappelant à Lawrence qu'ils avaient prêté serment des années auparavant en échange de la neutralité en temps de guerre. Faisant fi de leurs explications, Lawrence commanda à ses hommes d'arrêter les Acadiens. Un des prisonniers remarqua : « Nous nous sommes trouvés subitement privés de nos propriétés et de nos libertés, sans procès juridique, sans même voir paraître devant nous nos accusateurs, et ceci sur le seul fait de jalousies trompeuses et de soupçons mal fondés. »

Pendant ce temps, les troupes britanniques usèrent des tactiques semblables pour piéger les Acadiens à travers l'ensemble dc la colonie. À Grand-Pré, par exemple, ils convoquèrent plus de quatre cents hommes et jeunes gens dans une église où ils les firent prisonniers. Puis les Britanniques donnèrent l'injonction aux femmes de Grand-Pré de se préparer à être déportées avec leurs enfants. Après avoir réparti leurs prisonniers par groupe d'âge et par sexe, les Britanniques firent marcher les Acadiens à bout de fusil jusqu'à la Baie Française, qui était à proximité. Un Britannique chargé de l'opération écrivit dans son journal : « En proie au désespoir, des femmes portaient leurs enfants dans leurs bras. D'autres transportaient leurs vieux parents décrépits et tous leurs biens dans des charrettes dans une grande confusion. » Ainsi, ce fut pour lui « une scène de chagrin et de misère ».

Ensuite, les Britanniques chargèrent les Acadiens à bord de navires. « Nous étions si serrés les uns contre les autres sur les embarcations, rappela un exilé, que nous n'avions même pas assez de place pour nous allonger tous en même temps. Par conséquent, on nous empêchait d'emporter le nécessaire, surtout pour le soin des personnes âgées et affaiblies, dont beaucoup achevèrent leur misère en même temps que leur vie ».

Malgré la tentative des Britanniques de maintenir les familles intactes, beaucoup d'entre elles furent déchirées dans le chaos de l'expulsion. Un exilé se rappela : « Les parents étaient séparés des enfants et les maris des femmes, et certains ne se sont toujours pas retrouvés ». Un autre se lamenta : « La perte que nous souffrons d'être privés de nos fermes [. . .] et d'être séparés les uns des autres n'est rien devant ce que nous endurons en nous faisant arracher nos enfants ».

« Procédez le plus vigoureusement possible, ordonna Lawrence à un de ses officiers, pas uniquement en les contraignant de monter à bord des vaisseaux, mais en privant ceux qui

L'ordre d'expulsion

Sous l'ordre des soldats britanniques occupant leur village, 418 hommes et garçons de plus de dix ans se regroupèrent dans l'église catholique de Grand-Pré le 5 septembre 1755 pour, leur avait-on dit, une réunion importante. Une fois les hommes à l'intérieur de l'église, les soldats barrèrent les portes et entourèrent l'édifice. Accompagné d'un capitaine de chaque côté et d'un interprète, le Colonel John Winslow des forces britanniques lut au groupe étonné d'hommes et de garçons acadiens emprisonnés dans leur propre lieu de prière, la déclaration qu'il avait rédigée :

Messieurs, j'ai reçu de la part de son Excellence, le Gouverneur Lawrence, l'Avertissement du Roi que je tiens à la main et par l'ordre duquel vous êtes réunis, pour vous faire part de la résolution définitive de Sa Majesté auprès des habitants français de cette Province de la Nouvelle-Écosse qui est sienne. Pendant près d'un demi-siècle, vous avez bénéficié de plus d'indulgences que n'importe quel des sujets de Sa Majesté, dans aucun de ses domaines, n'en a reçues. Le bien que vous en avez tiré, vous êtes seuls à le savoir. La part du devoir qui est devant moi, bien que nécessaire, m'est particulièrement désagréable par ma nature et par mon tempérament, comme il est certainement plus affligeant pour vous qui êtes de la même espèce. Mais il ne m'est pas donné de censurer mais d'obéir aux commandements que je reçois. Ainsi vous fais-je part sans délai des ordres de Sa Majesté : vos terres et vos habitations, votre bétail et vos bestiaux de toutes sortes seront confisqués par la Couronne ainsi que tous vos effets, hormis votre argent et vos biens mobiliers. Et vous serez vous-mêmes enlevés de cette province. Ainsi le commandement sans appel de sa Majesté décrète que la population française entière de cette région soit déplacée et par la bonté de Sa Majesté, je suis habilité à vous octroyer la possibilité d'emporter votre argent et vos biens matériaux sans incommoder pour autant les vaisseaux qui vous transporteront. Je ferai tout mon possible pour assurer la sécurité de vos biens, pour empêcher que vous ne soyez agressés en les emportant, et pour que les familles au complet soient dirigées dans un même navire, que cette éviction qui, j'en suis conscient, doit vous causer grand peine, soit aussi aisé que le permette le service de Sa Majesté, et j'espère que, où que vous arriviez, vous serez de loyaux sujets et formerez un peuple heureux et paisible. Je dois aussi vous informer qu'il plaît à Sa Majesté que vous demeuriez en sécurité sous l'inspection et la direction des troupes que j'ai l'honneur de commander.

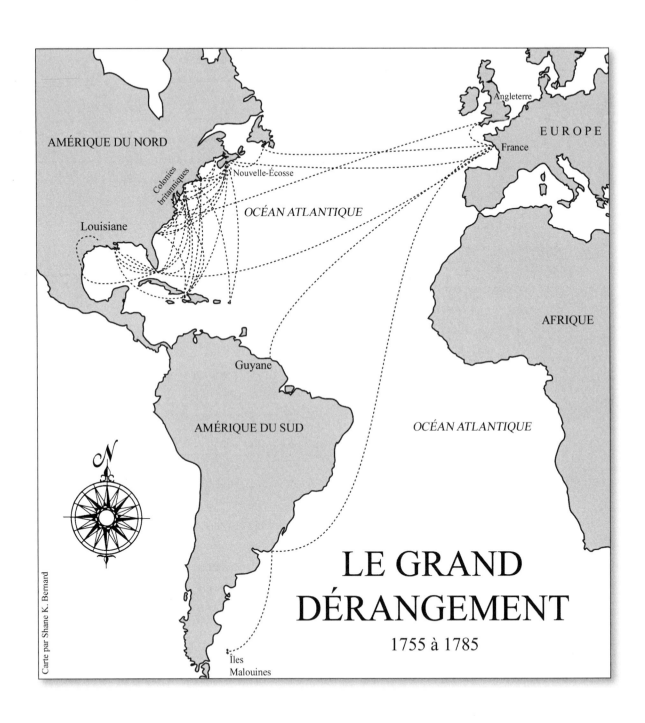

AMÉRIQUE DU NORD

Colonies
britanniques

Nouvelle-Écosse

Louisiane

OCÉAN ATLANTIQUE

Angleterre

EUROPE

France

AFRIQUE

Guyane

AMÉRIQUE DU SUD

OCÉAN ATLANTIQUE

Îles
Malouines

LE GRAND
DÉRANGEMENT
1755 à 1785

Carte par Shane K. Bernard

L'expulsion : mythes et réalités

Certains mythes entourent l'expulsion et le périple des Acadiens. En examinant ces perceptions erronées, nous pouvons distinguer entre la réalité et la fantaisie et cultiver une meilleure conception de l'épreuve tragique des Acadiens.

MYTHE : En 1755, les Britanniques ont expulsé la population acadienne en entier.

RÉALITÉ : En 1755, les Britanniques ont expulsé tout au plus la moitié des Acadiens. Les autres se sont dérobés aux autorités et se sont réfugiés dans les régions gouvernées par les Français ou leurs alliés amérindiens comme le Canada continental. Certains seront arrêtés et déportés des années plus tard. Des milliers de réchappés sont morts de maladie, de faim et de froid en raison de l'exil, comme la plupart de ceux qui ont été déportés.

MYTHE : Seules les troupes et la flotte britanniques ont déporté les Acadiens.

RÉALITÉ : De nombreux officiers qui ont préparé l'expulsion et la plupart des fantassins qui l'ont exécutée, bien qu'au service de la Couronne britannique, provenaient de la Nouvelle-Angleterre coloniale : les États actuels du Connecticut, du Maine, du New Hampshire, du Rhode Island et du Vermont. En plus, la plupart des vaisseaux employés pour transporter les Acadiens exilés venaient de la Nouvelle-Angleterre et avaient été loués par une entreprise de commerce de Boston.

MYTHE : Tous les exilés acadiens se sont finalement retrouvés en Louisiane.

RÉALITÉ : Moins de la moitié des Acadiens exilés se sont installés en Louisiane. La plupart sont morts avant d'arriver en Louisiane, ou bien ont débarqué ailleurs : en France, en Haïti et dans les colonies britanniques de l'Amérique du Nord.

MYTHE : Les Acadiens qui sont venus en Louisiane sont venus directement de la Nouvelle-Écosse.

RÉALITÉ : Les Acadiens qui se sont installés en Louisiane ont débarqué d'abord ailleurs. Ceux qui sont venus en Louisiane en 1765 avec Joseph Broussard dit Beausoleil, par exemple, ont atterri d'abord en Haïti et seulement plus tard ont décidé de s'installer en Louisiane. De la même manière, d'autres qui sont arrivés en Louisiane sont d'abord passés par les colonies britanniques d'Amérique du Nord, la France ou les îles de Saint-Pierre et Miquelon, près de Terre-Neuve.

MYTHE : Certains Acadiens ont fait le voyage par voie terrestre pour arriver en Louisiane.

RÉALITÉ : Tous les faits historiques indiquent que les Acadiens exilés sont arrivés en Louisiane uniquement par voie de mer. Les affirmations du contraire proviennent en grande partie de l'œuvre de Félix Voorhies, écrivain et juge de Saint-Martinville, dont le récit fictif de l'expulsion *Réminiscences acadiennes*, écrit en 1907, décrit un « voyage périlleux et épuisant par voie de terre ».

s'échapperont de tous les moyens d'hébergement ou de soutien, en mettant le feu à leurs maisons et en détruisant tout ce qui peut leur permettre de survivre dans la nature. » Ainsi, les soldats britanniques incendièrent les maisons des Acadiens et pillèrent leurs possessions – meubles, outils et bétail – qu'ils vendirent par la suite pour couvrir les coûts de l'expulsion. Et comme prévu, les navires britanniques disséminèrent les Acadiens dans les treize colonies britanniques du continent nord-américain, qui allaient bientôt devenir les treize premiers États américains.

Une fois dans les colonies, les exilés acadiens subirent des injures, l'oubli, la pauvreté et des maladies. « On ne sait que faire, remarqua un observateur, et peu d'entre eux reçoivent de la charité [. . .]. Il y en a beaucoup maintenant autour de moi en larmes, implorant que leurs malades soient soulagés. » Un autre témoin ajouta : « Ils ne peuvent se loger, se vêtir ou trouver de confort sans quémander de porte en porte ». Un autre remarqua : « Ils sont accablés de misère ».

Lawrence déporta plus de sept cents Acadiens au Massachusetts, où beaucoup moururent de la variole. Le gouvernement du Massachusetts autorisa le châtiment corporel en public de tout exilé qui quittait les lieux assignés et obligea les enfants des Acadiens à travailler comme domestiques sans gages. Plus de quatre cents exilés furent envoyés en Pennsylvanie, où beaucoup moururent à bord de navires faisant office de prisons dans le port de Philadelphie. Lawrence expulsa d'autres Acadiens au Maryland où le gouvernement donna l'ordre à la garde frontalière de tuer sur-le-champ ceux qui tentaient de s'évader. Les Acadiens furent traités de la même manière au Connecticut, dans l'État actuel de New York, en Virginie, dans les Carolines et en Géorgie, où leurs « hôtes » anglophones considéraient ces « invités » francophones avec un mélange de crainte et de mépris.

Lawrence déporta d'autres Acadiens beaucoup plus loin que les colonies britanniques de l'Amérique du Nord. Plus de trois mille exilés, par exemple, se retrouvèrent prisonniers en Angleterre

Sous les ordres britanniques, les Acadiens attendent leur déportation. Source : William Cullen Bryant, Sidney Howard Gay et Noah Brooks, *Scribner's Popular History of the United States* (New York : Scribner's 1896), vol. 3.

ou réfugiés sur la côte atlantique de la France, où ils languirent dans des quartiers mal famés ou travaillèrent pour des salaires de crève-faim sur des chantiers agricoles voués à l'échec. D'autres déportés acadiens se retrouvèrent sur l'île de Saint-Domingue (la République d'Haïti actuelle) aux Antilles. Là, des centaines de personnes périrent de maladies au cours de la construction d'une base militaire française dans la jungle. Certains arrivèrent en Martinique dans les Antilles, ainsi qu'en Guyane, une colonie française en Amérique du Sud où la maladie emporta de nombreuses vies. Quelques-uns finirent aux Malouines, situées dans le sud de l'Atlantique sur la côte argentine, à près de sept mille miles de l'Acadie, leur pays d'origine.

Les Acadiens qui avaient échappé aux Britanniques se réfugièrent plus près de chez eux : sur l'île-du-Prince-Édouard (appelée autrefois l'Île Saint-Jean), au nord de la Nouvelle-Écosse

Les Acadiens sont déportés sur
des vaisseaux britanniques.
Source : Henry Wadsworth
Longfellow, *Évangeline* (New
York : Alden, 1892), 55.

ou dans les îles minuscules de Saint-Pierre et Miquelon au nord-
est de la Nouvelle-Écosse, près de Terre-Neuve. La plupart de ceux
qui réussirent à ne pas se faire capturer se réfugièrent au Canada
continental et s'installèrent dans la province actuelle du Nouveau-
Brunswick. Leurs descendants y vivent encore aujourd'hui en
grand nombre et constituent le cœur de la société moderne acadienne au Canada.

En 1756, les Britanniques avaient expulsé plus de la moitié des
quinze mille Acadiens qui résidaient en Nouvelle-Écosse. Selon
certaines estimations, jusqu'à dix mille Acadiens moururent de
maladie, de faim, d'abandon, d'exposition aux intempéries au
cours de l'expulsion ou de violence aux mains des Britanniques.

Et violence il y eut : à titre d'exemple, en 1759, les troupes britanniques prirent d'assaut une communauté acadienne sur la côte du Nouveau-Brunswick, incendièrent le village et massacrèrent tous ceux qui résistaient, y compris femmes et enfants.

L'expulsion prit bientôt le nom de « Grand Dérangement ». Les historiens contemporains considèrent cette tragédie comme un exemple de *nettoyage ethnique* (le fait de supprimer un peuple dans une région géographique par la violence et la terreur). Par ailleurs, d'autres historiens voient l'expulsion comme un exemple de *génocide* (la destruction entière d'un peuple par un autre, comme ce qui s'est passé de la manière la plus infâme durant la Deuxième Guerre mondiale lorsque les nazis allemands et leurs alliés anéantirent plus de six millions de Juifs et d'autres personnes pendant l'Holocauste).

L'expulsion marqua l'événement le plus important de l'histoire acadienne. Elle allait façonner l'identité du peuple acadien et de leurs descendants pour des siècles à venir.

Et que devint Lawrence, l'homme qui prépara, exécuta et dirigea la déportation ? D'après certaines sources, il prit froid et mourut en 1760 après avoir trop mangé lors d'un festin.

Chapitre trois

La Louisiane

Près de trois mille Acadiens se sont finalement retrouvés dans la colonie espagnole subtropicale appelée la Louisiane. À l'époque coloniale, le territoire qu'on appelait la Louisiane comprenait une vaste partie de l'Amérique du Nord, s'étendant des États actuels du Montana, du Dakota du Nord et du Minnesota jusqu'à la Louisiane et au golfe du Mexique, en passant par le Dakota du Sud, le Wyoming, le Colorado, l'Iowa, le Nebraska, le Kansas, le Missouri, l'Oklahoma et l'Arkansas. Après la déportation, les Acadiens se sont réinstallés à l'extrémité sud de cette région immense, dans ce qui est aujourd'hui le sud de la Louisiane. Dans cet ouvrage, le terme « Louisiane » se réfère à cette région, la plus au sud.

Cependant, les Acadiens n'étaient certainement pas le premier peuple à habiter la Louisiane. Comme les Amérindiens avaient été la première nation en Acadie, ainsi l'avaient-ils été en Louisiane. Les archéologues estiment que les Amérindiens se sont peut-être installés dans la région de la Louisiane dès 10 000 ans avant Jésus-Christ. Personne ne sait comment se nommaient les autochtones de cette époque-là, mais ceux qui habitaient en Louisiane lorsque les premiers Européens y sont arrivés s'appelaient les Natchez, les Tunica, les Opelousas, les Chitimacha, les Houma et les Attakapas. Ces derniers ont donné leur nom à la région peuplée par de nombreux Acadiens. Ces tribus plus récentes se disputaient de temps en temps avec les Européens, surtout pour des questions de territoire. Pourtant, ils s'alliaient parfois avec les Européens pour entrer en commerce avec eux et leur transmettre un savoir-faire crucial à leur survie dans leur nouvel environnement.

Les Acadiens n'étaient pas parmi les premiers Européens à atteindre la Louisiane. En 1541, plus de deux cents ans avant l'arrivée des Acadiens, l'explorateur espagnol Hernando de Soto fut le premier Européen à repérer le fleuve du Mississippi qui traverse la Louisiane jusqu'au golfe du Mexique. Près d'un siècle et demi plus tard, en 1682, un Français du nom de René de la Salle devint le premier Européen à trouver l'embouchure du Mississippi. La Salle revendiqua le fleuve, le réseau des affluents et toutes les terres avoisinantes au nom de Louis XIV, roi de France, et appela ce territoire *la Louisiane* en son honneur.

En 1699, un autre Français, Pierre d'Iberville, établit la première colonie en Louisiane. Avec son frère, Jean-Baptiste Bienville, il recruta des colons de France, d'Allemagne et de Suisse alémanique. Parmi ces recrues se trouvaient des prisonniers et des vagabonds français ainsi que des agriculteurs allemands très vaillants. Entre 1717 et 1721, par exemple, près de sept mille colons européens se sont installés en Louisiane. Qui plus est, ces colons amenèrent avec eux près de mille esclaves africains ainsi qu'un petit nombre de colons de race mixte appelés « gens de couleur libres ». Les esclaves et les gens de couleur libres influencèrent profondément la trame de l'histoire louisianaise, participant à l'évolution des coutumes culinaires, linguistiques et religieuses distinctes de la région.

Bien que la Louisiane figure dans la fiction et la poésie comme un paradis tropical, de nombreux colons trouvèrent la Louisiane coloniale cauchemardesque. En été, il faisait une chaleur et une humidité intolérables et souvent de violents ouragans s'abattaient sur la côte avec des vents et des pluies qui causaient de graves inondations. La région pullulait de serpents, d'alligators et de vermine, accompagnés de moustiques assoiffés de sang qui tourmentaient les colons et les bêtes en répandant des maladies comme la

malaria et la fièvre jaune. Les pirates rendaient la mer périlleuse, et les esclaves et les Amérindiens menaçaient constamment de se révolter avec violence. Par ailleurs, la colonie ne produisait rien de grande valeur et sombrait dans la pauvreté.

  Les Acadiens exilés arrivèrent dans ce lieu hostile en 1764, peu après que la France eut cédé la colonie peu profitable à l'Espagne à la fin de la guerre de Sept ans. Dans un premier temps, seulement vingt Acadiens en provenance de New York trouvèrent leur chemin jusqu'à la colonie et s'installèrent sur le fleuve du Mississippi entre La Nouvelle-Orléans et Bâton-Rouge. L'année suivante, un groupe de deux cents exilés arrivèrent en Louisiane, guidés par un chef courageux, Joseph Broussard dit Beausoleil.[*] Contrairement à la plupart des Acadiens, Broussard avait résisté

Les Acadiens exilés arrivent en Louisiane. Source : Henry Wadsworth Longfellow, *Evangeline* (New York : Alden, 1892), 60.

[*]Les Acadiens se donnaient souvent des surnoms.

Une lettre d'exil

En 1766, un jeune Acadien exilé en Louisiane, Jean-Baptiste Semer, âgé d'environ vingt-deux ans, envoya une lettre à son père en France. On croyait la lettre perdue, mais elle réapparut récemment dans des archives françaises et sert de rare exemple de la communication entre exilés sur de longues distances. Elle illustre bien comment les exilés échangèrent des renseignements sur la nouvelle patrie séduisante qu'était Louisiane.*

Mon très cher père, . . .

Je vous dirai donc mon très cher père que j'ai arrivé ici le mois de février 1765 avec 202 personnes acadiennes dont Joseph Bro[u]ssard dit [Beausoleil] et toute sa famille . . . toutes venant de Halifax et ayant passé par le Cap-[Haïtien].** Beausoleil a emmené et payé le passage pour ceux qui n'avaient pas de quoi. Après nous il est arrivé encore 105 autres dans un autre vaisseau et puis 80, 40, [et] des 20 ou 30, dans 3 ou 4 autres. Je crois que nous sommes à peu près 5 à 600 personnes acadiennes en comptant les femmes et les enfants. Nous autres les premiers avons été envoyés 7 ou 8 hommes pour visiter les terres et emplacements afin d'y faire un bon emplacement et on nous a rapporté qu'aux Attakapas il y avait de magnifiques prairies avec les plus belles terres du monde. . . .

Nous nous sommes rendus aux Attakapas avec des fusils poudre et plomb mais comme il était déjà le mois de mai les chaleurs étant fort grandes nous avons commencé avec trop de rigueur l'ouvrage. Il y a avait six charrues qui marchaient, il fallait dompter les bœufs, [et] aller à 15 lieues pour avoir des chevaux. Enfin nous avions fait la plus belle récolte et tous ont été pris à la fois des fièvres et personne en état de s'entraider de façon qu'il en est mort 33 ou 34 en comptant les enfants . . . nous voilà tous Dieu merci bien portants et espérant une très belle récolte cette année Dieu aidant ayant beaucoup défriché [de terres]. Nous n'avons qu'à semer et nous avons déjà des bœufs, vaches, moutons, chevaux et la plus belle chasse du monde, des chevreuils, des dindes si gras [sic], des ours et canards et toutes sortes de gibier . . .

La terre rapporte ici tout ce que l'on y veut semer. Blés de France, ma[ï]s et riz, patates, giraumont***, pistaches, toutes sortes de légumes, lin, coton. Il n'y manque que du monde pour le cultiver. On y fait de l'indigo, du sucre, [et] des oranges, et des pêches y viennent comme les pommes en France. On nous concède 6 arpents aux gens mariés et 4 et 5 aux jeunes gens, ainsi on a l'avantage, mon cher père, d'être sur sa terre, et de dire j'ai un chez moi. . . . Une personne qui veut s'adonner au bien et mettre sa peine sera à son aise en peu d'années. C'est un pays immense, vous pouvez y venir hardiment avec ma chère mère et toutes les autres familles acadiennes. Ils seront toujours mieux qu'en France.

Contrairement à d'autres Acadiens exilés cependant, Semer ne revit plus jamais son père. Faute d'avoir obtenu la permission d'émigrer en Louisiane, le père Semer mourut en 1782, trois ans avant que la France autorise l'émigration massive de ses Acadiens exilés en Louisiane.

*Jean-François Mouhot, « Une ultime revenante ? Lettre de Jean-Baptiste Semer de La Nouvelle-Orléans à son père au Havre, 20 avril 1766 », *Acadiensis* XXXIV (Printemps 2005).

**Le Cap-Haïtien, au nord de l'actuel État d'Haïti (anciennement Cap-Français, à Saint-Domingue).

***« Giraumont ou Giraumon : Espèce de courge d'Amérique, dite aussi courge de Saint-Jean, citrouille iroquoise » (*Dictionnaire de l'Académie*, 1762).

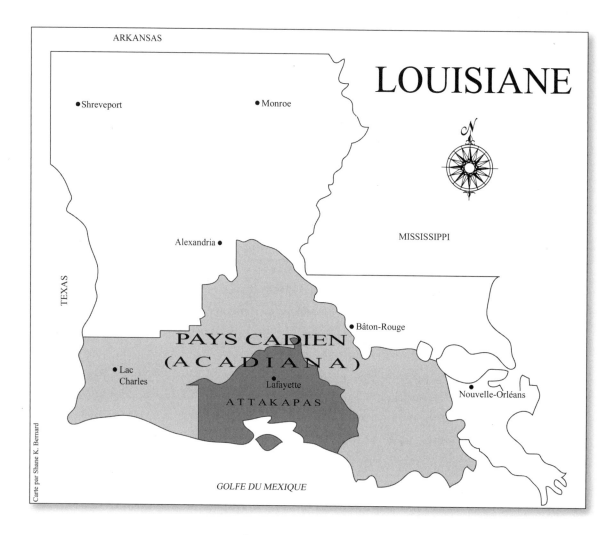

Carte par Shane K. Bernard

lors de l'expulsion de la Nouvelle-Écosse, et avait formé une bande de combattants voués à la liberté qui se livrait à des tactiques astucieuses pour tromper l'adversaire britannique, bien supérieur sur le plan militaire. Ses militants menèrent des raids au cœur de la Nouvelle-Écosse et armèrent même un bâtiment de guerre dans la Baie Française.

Des difficultés insurmontables – pénuries de vivres et froid intense – forcèrent Broussard et ses hommes à se rendre. Les Britanniques le déportèrent avec sa famille et ses compagnons à l'île antillaise de Saint-Domingue (Haïti). Là, ils apprirent que l'administration espagnole cherchait pour la Louisiane des habitants non anglophones afin de pallier l'infiltration des colons anglais venant de la côte atlantique. Impatients de s'installer sur une terre d'accueil, Broussard et ses hommes firent voile pour la Louisiane où les Espagnols leur fournirent des provisions, des outils et des terres cultivables dans la région du sud de la Louisiane appelée les Attakapas. (Voir la carte géographique)

Les Espagnols envoyèrent les Acadiens aux Attakapas parce que La Nouvelle-Orléans avait besoin d'une source fiable d'approvisionnement en viande pour sa population croissante. Un propriétaire d'Attakapas, Antoine Bernard Dauterive, accepta de donner du bétail (ainsi que des terres supplémentaires) aux exilés contre la garde de ses troupeaux. Cet accord, appelé le « Pacte Dauterive », tomba vite à l'eau, mais Broussard et ses compagnons décidèrent de rester dans la région des Attakapas, qui devint par la suite le centre de la culture acadienne du sud de la Louisiane.

D'autres exilés acadiens au Maryland, en Pennsylvanie, dans l'État actuel de New York et en Nouvelle-Écosse reçurent des lettres relatant l'arrivée du groupe de Broussard en Louisiane. Pendant les années qui suivirent, les Acadiens dispersés s'acheminèrent vers la colonie espagnole, espérant retrouver leurs amis et leur famille et établir une nouvelle patrie dans la région des Attakapas.

Mais une fois qu'ils arrivèrent en Louisiane, le gouverneur espagnol Antonio de Ulloa les obligea à se fixer au bord du fleuve du Mississippi, près de la ville actuelle de Natchez dans le Mississippi, loin du groupe de Broussard aux Attakapas. Les Acadiens ne pardonnèrent jamais à Ulloa de les avoir coupés de leurs compatriotes. En 1768, ils marchèrent sur La Nouvelle-Orléans avec d'autres colons mécontents et renversèrent le gouverneur espagnol. Cet événement représente le premier acte de revendication d'indépendance en Amérique. Mais quelques mois plus tard, deux mille soldats débarquèrent pour rétablir l'autorité

Évangeline

Évangeline est un personnage fictif créé par Henry Wadsworth Longfellow, qui écrivit un poème épique portant ce titre. Cette œuvre raconte l'errance d'une jeune Acadienne en exil qui se consacra avec dévouement et patience à la recherche de son amour perdu, Gabriel. Publié en 1847, le poème de Longfellow jouit d'une telle popularité que, jusqu'à la fin du vingtième siècle, on demandait aux élèves américains de l'apprendre par cœur et d'en réciter les vers (en général les premières strophes).

Bien que la majorité des Cadiens ordinaires n'ait jamais lu *Évangeline*, les Cadiens des classes aisées et moyennes tenaient l'œuvre en grande estime. Beaucoup croyaient qu'Évangeline était un personnage réel, tandis que d'autres prétendaient qu'elle était inspirée d'une Acadienne exilée du nom d'Émeline Labiche. Mais comme Évangeline, Émeline Labiche était un personnage imaginaire, inventé par Félix Voorhies, écrivain et juge de Saint-Martinville, pour son livre intitulé *Les réminiscences acadiennes* (1907). [Bien que fictives, *Les réminiscences acadiennes* avaient pour sous-titre *L'histoire vraie d'Évangeline*, ce qui évidemment rendit les choses encore plus obscures pour les lecteurs]. Les récits fictifs d'Évangeline et d'Émeline Labiche se déroulent sur un arrière-plan d'événements historiques véridiques et demeurent d'importantes interprétations littéraires de l'histoire acadienne.

L'*Évangeline* de Longfellow* commence ainsi :

> C'est la forêt d'antan. Les verts sapins barbus
> De mousse, au crépuscule assemblage confus,
> Sont là debout pareils à des bardes druidiques
> Qui murmurent des mots tristes et prophétiques
> Sont là debout pareils à de chenus joueurs
> De harpe, dont la barbe en ses longues ampleurs
> Descend sur leur poitrine, et, du fond de ses roches,
> L'Océan dont les flots tumultueux sont proches
> Entendant tout là-haut tant de chants désolés
> Répond en grondements sombres, inconsolés,
> Répond ainsi toujours, mêlant sa voix stridente
> Aux cris de la forêt qui toujours se lamente.

C'est la forêt d'antan. Mais où sont tant de cœurs

Qui bondissaient ainsi qu'à la voix des chasseurs

Bondit le cerf des bois ? Qu'est devenu le home

Des fermiers d'Acadie ? où sont les toits de chaume

Du paisible village où coulaient autrefois

Les jours – tels des ruisseaux qui coulent dans les bois

Leur onde pure ? Encor qu'un peu d'ombre s'y mette,

Celle que fait la terre – en tout temps s'y reflète

L'azur du ciel ! — Hélas ! elles n'existent plus

Les belles fermes ! Les fermiers sont disparus,

Disséminés ! Ainsi quand octobre fait rage,

L'Aquilon furieux exerce son ravage

Sur feuilles et poussière à la fois, et soudain

Les fait tourbillonner dans l'air, puis au lointain

Océan à jamais toutes les éparpille !

Rien que ce qu'entre soi l'on en conte en famille

N'existe plus du beau village de Grand-Pré !

Vous qui croyez qu'Amour, quand il est bien ancré

Dans le cœur, jusqu'au bout se nourrit d'espérance,

Supporte, brave tout, merveilleux d'endurance ;

Vous qui croyez en la beauté du dévouement

De la femme, en sa force, écoutez un moment,

Encore qu'elle soit de tristesse infinie

Cette histoire d'amour contée en Acadie,

En la belle Acadie, home des cœurs heureux !

Oyez ce que les pins encor chantent entre eux !

*La traduction française est celle d'A. Bollaert.

espagnole et punir ceux qui avaient incité à la révolte. Le suc-
cesseur d'Ulloa permit aux Acadiens de se fixer où ils voulaient.
(Les Acadiens exilés montrèrent à nouveau leur esprit combat-
tif durant la Révolution américaine lorsqu'ils prirent les armes
contre les Britanniques sous Bernardo de Gálvez, le gouverneur
espagnol de la Louisiane, et attaquèrent les forteresses de Bâton-
Rouge, Mobile et Pensacola. Cette campagne mit fin au règne
britannique sur la côte du golfe du Mexique et contribua à la victoire définitive du nouvel et jeune allié de l'Espagne, les États-Unis
d'Amérique. Ce fut aussi pour les Acadiens l'occasion de se venger
des souffrances infligées par les Britanniques lors de l'expulsion).

Une cabane construite en
branches de palmiers nains
dans le sud de la Louisiane,
comme celles que les
premiers Acadiens exilés
habitaient. Source : *Harper's
New Monthly Magazine*,
novembre 1887, 917.

Une maison acadienne au Village Acadien, à Lafayette en Louisiane, avec un gros plan montrant la technique du bousillage (un mélange de boue et de mousse servant à isoler les murs). Photos prises par l'auteur.

En 1785, un nouveau groupe de plus de mille cinq cents exilés acadiens arrivèrent en Louisiane à bord de sept vaisseaux en provenance de France, où ils avaient vécu pendant des années sur la côte dans des habitations insalubres. Bientôt ces exilés occupèrent des terres le long du cours inférieur du Mississippi ainsi que le long des Bayous Terrebonne et Lafourche. En 1788, ils furent suivis d'un autre groupe de dix-neuf exilés qui, partis de l'île Saint-Pierre près de Terre-Neuve au Canada, firent le voyage en Louisiane.

Dans le sud de la Louisiane, les exilés acadiens furent initiés aux techniques de survie par les autochtones de la région, surtout les tribus des Opelousas, Chitimacha, Houma et Attakapas. Ces tribus apprirent aux Acadiens à se soigner à l'aide de plantes régionales, à tresser des feuilles séchées pour faire des chapeaux ou des éventails, à cultiver des fruits et des légumes indigènes comme le maïs, le melon, la courge et la citrouille.

Toujours à l'instar des Amérindiens, les Acadiens construisaient des habitations en branches de palmiers nains semblables à celles que les premiers exilés avaient adoptées comme abris temporaires. Peu à peu, les Acadiens ont érigé des demeures plus permanentes, mettant en pratique la technique des *poteaux-en-terre* perfectionnée par leurs ancêtres en Nouvelle-Écosse. Mais le climat très humide du sud de la Louisiane éroda vite ces structures, dont les poteaux enfoncés dans la terre saturée d'humidité s'infestaient de termites et pourrissaient. De plus, les maisons construites en *poteaux-en-terre* dans le sud de la Louisiane emmagasinaient trop de chaleur. Et les planchers au ras du sol étaient fréquemment inondés lors de violents orages, phénomène typique dans cette région.

Pour parer à ces problèmes, les Acadiens exilés inventèrent un nouveau style d'habitation appelé « poteaux sur sol ». Les maisons construites de cette manière étaient perchées sur des blocs de cyprès qui les protégeaient contre la montée des eaux, la pourriture et les termites. Carrées ou rectangulaires, ces maisons avaient entre une et trois pièces (en général une salle de séjour spacieuse à laquelle s'ajoutaient des pièces plus petites). Elles avaient également de grandes portes et fenêtres afin de rafraîchir l'intérieur pendant l'été. Les murs étaient isolés de *bousillage*, un mélange de mousse espagnole et de boue qui maintenait les maisons au chaud l'hiver et au frais l'été. Dans un coin de la véranda à l'ombre, un escalier menait à la « garçonnière » (chambre pour les garçons), au premier étage. Ces maisons simples et rustiques constituèrent la forme d'habitation la plus commune chez les Acadiens exilés et leurs descendants.

De la même manière, les Acadiens exilés adaptèrent leurs vêtements au climat du sud de la Louisiane. En Nouvelle-Écosse, ils avaient fabriqué leurs habits en laine, mais on trouvait peu de moutons dans le sud de la Louisiane. D'ailleurs, les températures de la région étaient bien trop élevées pour porter de la laine. Par conséquent, les exilés commencèrent à fabriquer des vêtements avec du coton, ce qui était plus frais. En plus, c'était une plante qui poussait en abondance sur leurs nouvelles terres. Et tout en continuant de porter des mocassins amérindiens comme ils l'avaient fait en Acadie, ils apprirent à se déplacer pieds nus, grâce à la température clémente qui régnait presque toute l'année.

Les exilés acadiens changèrent aussi leur régime alimentaire pour refléter les réalités de la vie pionnière dans le sud de la Louisiane. En Nouvelle-Écosse, leur régime se composait surtout d'orge, d'avoine et de blé. Puisque ces aliments poussaient mal dans le climat subtropical, les exilés les remplacèrent par le maïs, les pois, les fèves, les courges et le riz. Et au lieu de cultiver des pommiers, qui poussaient si bien en Nouvelle-Écosse, ils plantèrent plutôt des vergers de figuiers, d'abricotiers et de pêchers. Pour se nourrir en viande, ils avaient leur bétail, des porcs et de la volaille. En plus, il y avait des animaux sauvages en abondance dans le sud de la Louisiane tels que cerfs, lapins, écureuils, canards et poissons. (Il est intéressant de noter que les crevettes, les huîtres et les écrevisses – fruits de mer que l'on associe volontiers avec la cuisine du sud de la Louisiane – n'ont jamais occupé une grande place dans le régime des exilés).

Tandis que les Acadiens dans le sud de la Louisiane chassaient, cultivaient leurs terres et se développaient en nombre, les dirigeants des pouvoirs lointains négociaient, à leur insu, des traités qui les concernaient directement. En 1800, Napoléon Bonaparte de France reprit la Louisiane à l'Espagne et proposa de la vendre aux États-Unis qui, à l'époque, se composaient de seulement dix-sept États. Désireux d'élargir son pays encore neuf, le président Thomas Jefferson accepta l'offre et, en 1803, tout le territoire louisianais (des Rocheuses à l'ouest jusqu'au fleuve du Mississippi à l'est, du Canada au nord au golfe du Mexique au sud) fut incorporé aux États-Unis. Du jour au lendemain, en tant que résidents de la Louisiane, les Acadiens devinrent des Américains, du moins dans un sens juridique.

D'un point de vue culturel, ils demeureraient pendant de nombreuses générations un peuple distinct. Mais la société acadienne ne resta pas pour autant inchangée. Par tradition, les Acadiens pratiquaient une agriculture vivrière. Mais beaucoup de jeunes ne pouvaient pas résister à la tentation de s'enrichir offerte par le système des plantations, où se pratiquait une forme brutale d'esclavage (introduite dans la région au siècle précédent). Quelques Acadiens adoptèrent le système d'agriculture et d'esclavage des plantations et en tirèrent de grandes fortunes. En raison de ces développements, la société acadienne évolua dès 1810. D'un groupe unique d'agriculteurs vivriers défavorisés, elle se transforma en trois groupes distincts : une classe aisée restreinte constituée de planteurs de coton et de sucre qui possédaient de nombreux esclaves et qui, à cause de leurs manières aristocrates, gagnèrent la réputation d'« Acadiens distingués » ; une classe moyenne plus nombreuse composée de petits agriculteurs et d'artisans, dont des charpentiers, des forgerons et des maçons qui possédaient peut-être quelques esclaves ; et une classe inférieure et nombreuse d'Acadiens ordinaires sans esclaves qui continuaient à pratiquer l'agriculture vivrière.

Généralement, les Acadiens des classes aisée et moyenne refoulaient leur héritage pionnier et beaucoup ne se considéraient plus comme Acadiens. Ils imitaient plutôt les riches planteurs créoles français, dont les ancêtres étaient venus en Louisiane directement de France et qui adoptèrent les coutumes des cultures francophones des villes cosmopolites comme La Nouvelle-Orléans et Paris. Plus tard, ces Acadiens des classes aisée et moyenne imitèrent les Anglo-Américains prospères qui s'installèrent de plus en plus nombreux dans la région.

Sans aucun doute, Alexandre Mouton, plus qu'aucun autre personnage historique, est celui qui incarne le mieux l'Acadien

Alexandre Mouton, gouverneur acadien de Louisiane. Source : Alcée Fortier, *Une histoire de la Louisiane* (Paris : Goupil, 1904), sans pagination.

distingué. Né en 1804 de parents francophones aisés d'origine acadienne, Mouton fit ses études à l'Université de Georgetown, à Washington, D.C., pour ensuite faire fortune comme planteur de sucre. Après être entré en politique, il devint député de l'État de la Louisiane et membre du Sénat des États-Unis avant d'être élu gouverneur en 1842. Militant en faveur de l'esclavage, Mouton mena la sécession de son État d'avec les États-Unis à la veille de la Guerre civile. Malgré son héritage français, il préférait faire ses transactions en anglais et parlait même à ses enfants en anglais. Malgré le fait qu'il se battait pour garantir à chaque homme blanc le droit de vote – y compris de nombreux Acadiens interdits de vote à cause de leur indigence – Mouton avait très peu en commun avec la masse acadienne francophone, pauvre et rurale.

Contrairement aux Acadiens des classes moyenne et aisée qui échangèrent leur héritage contre leur intégration dans la société créole française et plus tard anglo-américaine, les Acadiens agricoles et francophones aux moyens modestes préservèrent les valeurs et les traditions de leurs ancêtres pionniers : l'indépendance, un rapport intime avec la nature, l'estime des aînés de la communauté, le refus de la richesse matérielle et l'importance des familles nombreuses et élargies.

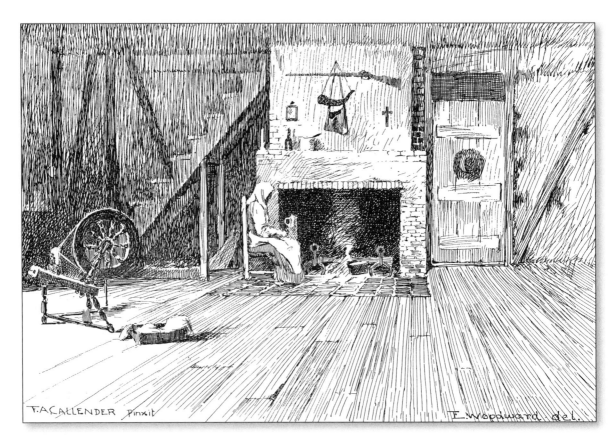

Au début du dix-neuvième siècle, de nombreux cultivateurs acadiens aux modestes moyens, situés le long du cours
inférieur du Mississippi, durent se déplacer à cause de la crois-
sance démographique et d'une pénurie de terres cultivables. Ils
migrèrent donc aux bords des bayous sinueux et bourbeux dans
le sud-est de la Louisiane et dans les grandes et vastes prairies du
sud-ouest. Dans ces régions isolées, ils allaient devenir, avec leurs
descendants, le peuple cadien contemporain.

L'intérieur d'une habitation
acadienne typique en Louisiane.
Source : Margaret Avery
Johnston, comp. et éd. In Acadia
(Nouvelle-Orléans : Hansell,
1893), 67.

Chapitre quatre

La naissance des Cadiens

Tout comme le conflit qui précipita la déportation des Acadiens en Louisiane, un nouveau conflit accéléra leur transformation en peuple cadien. Entre 1861 et 1865, la Guerre civile américaine ravagea les États-Unis en opposant le Nord antiesclavagiste au Sud esclavagiste. Cette lutte meurtrière engendra la mort de centaines de milliers d'Américains dans des endroits rendus tristement célèbres : Bull Run, Shiloh, Antietam, Chancellorsville et Gettysburg. À la longue, le Sud perdit le combat et s'enfonça dans une période de stagnation pendant la Reconstruction, un programme économique et politique parfois austère conçu pour intégrer le Sud dans l'Union.

Bien qu'éloigné des principaux champs de bataille, le sud de la Louisiane participa à la Guerre civile. Après avoir pris La Nouvelle-Orléans, Bâton-Rouge et tout le cours inférieur du Mississippi, les troupes du Nord arrivèrent à Donaldsonville et marchèrent sur Bayou Lafourche. À Labadieville, ces troupes vainquirent les forces du Sud qui étaient sous le Général Alfred Mouton, fils de « l'Acadien distingué» Alexandre Mouton. De là, les soldats du Nord avancèrent sur Thibodaux, Houma et Brashear City (aujourd'hui la ville de Morgan City), et virèrent en direction nord-ouest le long du Bayou Teche, se heurtant aux troupes du Sud au cours

des batailles de Bisland et Irish Bend avant de prendre les villes de La Nouvelle-Ibérie, Vermilionville (aujourd'hui Lafayette) et Opelousas, toutes au cœur de la région acadienne.

La bataille du Bayou Bourbeux, près de Grand Coteau, pendant la Guerre civile. Source : *Leslie's Illustrated*, 1863.

   Malgré la proximité de la ligne de combat, les Acadiens se montrèrent en général peu intéressés par la Guerre civile. La plupart disposaient de peu ou pas d'esclaves. Ils ne firent pas corps avec les Sudistes anglophones et ce que les Acadiens appelaient leur « guerre des Confédérés ». Les Acadiens mobilisés de force dans l'armée désertèrent souvent leurs postes pendant la guerre, s'enfuyant dès la première occasion pour rejoindre leurs familles au bord des bayous ou dans les prairies. Ainsi un soldat nordiste constata : « *L'Acadien possède une grande capacité d'endurance, mais peu de courage pour le combat. Parmi la troupe à Camp Pratt [près de La*

Un soldat acadien qu'on a attaché à un arbre afin de l'empêcher de déserter. Source : *Leslie's Illustrated*, 1863.

Nouvelle-Ibérie], les désertions étaient fréquentes, parfois en une seule nuit près de trente à quarante hommes se dispersaient en débandade. »

Après la guerre, la récession économique qui s'abattit sur tout le Sud frappa avec une intensité toute particulière le sud de la Louisiane. Les habitants de la région, autrefois riches, se virent précipités dans la misère et beaucoup perdirent tout. « Je crains fort que toute la population ne crève de faim bientôt, remarqua un officier du Nord en poste dans le sud de la Louisiane après la guerre. La pénurie guette tant d'entre eux [. . .] » Parmi les nouveaux pauvres se trouvaient non seulement les planteurs de sucre acadiens dits « distingués », mais aussi des gens d'origine espagnole, allemande et franco-créole. Confrontés à la disette, ils mirent leur orgueil de côté et prirent du travail en tant que journaliers, s'occupant de la terre d'autrui pour un salaire insignifiant, ou en tant que métayers, livrant une portion de leur récolte au propriétaire.

Cadien ou créole ?

De nombreux malentendus accompagnent souvent les termes « cadien » et « créole ». Réduit au plus simple, un Cadien est une personne qui descend des exilés acadiens bannis de la Nouvelle-Écosse au milieu du dix-huitième siècle, ou de n'importe lequel des groupes ethniques avec qui ces exilés ou leurs descendants se sont mariés en Louisiane (par exemple, les habitants français, allemands et espagnols). Un Créole, par contre, est un Louisianais autre qu'un Cadien, qui peut être noir, blanc ou métis, en général d'origine catholique et francophone.

Le mot « créole » vient du mot latin *creare*, ce qui veut dire « créer » ou « engendrer ». Les historiens croient que les explorateurs portugais inventèrent l'expression d'abord pour faire référence aux esclaves africains nés au Nouveau Monde. Bientôt les colons espagnols introduisirent le mot en Louisiane où il désigna des personnes d'origine africaine ou européenne nées au Nouveau Monde.

Dès le dix-neuvième siècle, les Louisianais noirs, blancs ou de race mixte se désignaient souvent comme créoles pour se distinguer des colons nés à l'étranger ou anglophones. L'existence d'expressions divergentes complique davantage la question : l'expression « créole de couleur », par exemple, désignait avant la Guerre civile un Louisianais de race mixte qui occupait une place « neutre » entre les blancs et les esclaves noirs. Par contre, l'expression « créole noir » désignait un Louisianais exclusivement ou principalement d'origine africaine. Ajoutez à cela les termes « tomate créole », « poney créole » et « cuisine créole » et la question devient encore plus complexe !

Enfin, le mot « créole » maintient encore aujourd'hui sa complexité parfois polémique. C'est pourquoi la célèbre *Encyclopedia of Southern Culture* déclare judicieusement qu'un « créole » serait peut-être « celui qui se dit l'être ».

Subitement, la majorité de la population du sud de la Louisiane fut aussi démunie que les cultivateurs acadiens, ceux-là mêmes que leurs voisins espagnols, allemands et franco-créoles avaient pris pour paresseux et ignorants. Mais, lorsque les membres de différentes communautés se mirent à collaborer dans les champs, les barrières tombèrent et les jeunes commencèrent à se marier entre eux. Dès les années 1870, les Acadiens préféraient se marier avec les non-Acadiens plutôt qu'avec leurs compatriotes. Ainsi, de nombreuses personnes aux noms de famille acadiens tels que Broussard, Dugas, Guidry, LeBlanc et Thériot se marièrent avec des personnes aux noms de famille espagnol, allemand ou franco-créole comme Romero, Dartez, Schexnayder, Huval, Dubois et Soileau. Les historiens considèrent ce phénomène de mariages mixtes comme un moment critique qui donna naissance à un nouveau peuple : les Cadiens.

Bien que le mot « Cadien » trouve son origine dans le mot « Acadien », les termes n'ont pas le même sens. Historiquement, les « Acadiens » étaient les habitants de la Nouvelle-Écosse et du sud de la Louisiane. « Cadiens » désigne un peuple qui descend de ces Acadiens exilés et de toutes populations avec qui ils se marièrent dans le sud de la Louisiane après la Guerre civile, soit les Allemands, les Espagnols et les Français créoles. Le peuple cadien tire donc son origine du métissage des peuples du sud de la Louisiane, ceux-ci dominés par la culture des Acadiens (ce qui explique pourquoi l'on cessa de parler allemand et espagnol dans le pays des Cadiens tandis que le français devint la langue principale de la région, et ce, jusqu'à la première moitié du vingtième siècle).

Aujourd'hui, ce que l'on considère être la culture cadienne « traditionnelle », « authentique » ou « ancienne » – telle que la représentent couramment certains artistes célèbres du sud de la Louisiane comme Floyd Sonnier et George Rodrigue – prend ses origines dans la période critique suivant la Guerre civile. Ainsi, c'est à cette époque-là que la musique cadienne apparaît pour la

Le français cadien

Le français cadien tire ses origines d'un mélange de français acadien, de français créole, de français du dix-neuvième siècle du continent (appelé en Louisiane le « français parisien ») et même de l'anglais. Cependant, certaines expressions en français cadien sont d'origine africaine, amérindienne ou espagnole. Bien que généralement homogène dans le sud de la Louisiane, le français cadien varie légèrement d'une région à l'autre, et possède des régionalismes distincts de vocabulaire et de prononciation.

Au cours du dix-neuvième siècle, la plupart des Cadiens ne parlaient que le français cadien, ce qui avait fréquemment pour conséquence d'irriter les observateurs anglophones. Au cours des années 1860, lors de sa visite dans le sud de la Louisiane, un New-Yorkais remarqua que les Cadiens étaient « incapables de parler anglais, ou de communiquer une idée intelligente dans la langue nationale ». Même ceux qui appréciaient le français standard méprisaient souvent le français cadien, perçu comme un dialecte inférieur. À titre d'exemple, en 1880, un journaliste du *Chicago Times* de passage dans la paroisse d'Ibérie déclara que « les gens éduqués parlent le vrai parisien, mais le patois 'cadjin' n'a de valeur que pour les plus pauvres ».

Les données de recensement indiquent qu'environ 85 pour cent des Cadiens nés au début du vingtième siècle parlaient français comme langue maternelle. En 1916, l'État de la Louisiane déclara la scolarisation obligatoire et en 1921 la nouvelle constitution de l'État fit de l'anglais la seule langue permise en classe. Il en résulta que de nombreux enseignants firent subir d'humiliantes punitions aux élèves cadiens qui parlaient leur langue traditionnelle à l'école. Qui plus est, les Cadiens du vingtième siècle furent de plus en plus assujettis aux puissantes forces d'américanisation telles que le service militaire obligatoire, la radio, la télévision et l'arrivée d'un réseau de routes nationales (pour n'en nommer que quelques-unes). Cela contribua à réduire davantage les barrières physiques et culturelles qui isolaient le sud de la Louisiane de l'Amérique anglophone.

À cause de ces influences, le nombre de Cadiens qui parlaient français comme langue maternelle baissa considérablement, surtout après 1940. Aujourd'hui, peu de jeunes Cadiens parlent le français cadien, et moins d'un tiers des Cadiens parlent français comme première langue. Cela dit, des groupes comme le Conseil pour le Développement du Français en Louisiane (CODOFIL), l'Action Cadienne et les Amis de l'Immersion continuent à se battre pour sauver le français cadien de l'extinction, surtout en faisant la promotion des programmes de scolarisation bilingue comme l'immersion, dans laquelle les enfants étudient quotidiennement divers sujets en français pendant les deux tiers de la journée.

Des femmes cadiennes
fabriquant du tissu à la main vers
la fin du dix-neuvième siècle.
Permission : E. A. McIllhenny
Enterprises, Inc., Avery Island,
Louisiane.

première fois sous sa forme reconnaissable. Ce n'est qu'au dix-
neuvième siècle que les Cadiens adoptèrent l'accordéon, même si
des générations précédentes avaient joué du violon. L'accordéon
devint vite l'un des principaux instruments de la musique cadienne. Il était accompagné du violon, de la guitare et du « petit
fer » (le triangle en fer qui sert d'instrument de percussion). En
1928, lorsque les Cadiens firent leurs premiers enregistrements,
des classiques tels que *Allons Danser Colinda, Hip et Taïaut, Jolie
Blonde* et *Allons à Lafayette* existaient déjà puisque ces chansons
étaient jouées en public et transmises de génération en génération.

Pareillement, la cuisine cadienne traditionnelle émergea
au cours de cette période, issue d'une « sainte trinité » : poiv-
rons, oignons et céleri. Ces ingrédients constituent, par exemple, l'essentiel du gombo, un épais ragoût fait à base de roux (de
la farine roussie à l'huile ou dans du gras) et servi avec du riz,
produit que l'on trouve en abondance dans le sud de la Louisiane.
Le gombo révèle bien à quel point la cuisine cadienne a intégré

La musique cadienne

La musique cadienne jouit d'une longue histoire complexe qui remonte à plusieurs siècles. Les Acadiens de la Nouvelle-Écosse puisaient dans un héritage musical profondément enraciné dans la France médiévale. Après la déportation, les exilés acadiens jouaient non seulement des mélodies anciennes, mais en composaient de nouvelles, surtout autour des thèmes de la mort, de la solitude et de l'amour impossible, rappelant à la fois leur exil douloureux et leur rude expérience de pionniers.

Les diverses influences contribuant à la création de la musique cadienne se rassemblèrent peu à peu dans le sud de la Louisiane : chansons traditionnelles de France, guitare venant d'Espagne, accordéon d'Europe et rythmes provenant du monde afro-caribéen. En effet, les Créoles d'origine africaine exerçaient une grande influence sur la musique cadienne. La chanson populaire cadienne *Allons Danser Colinda*, par exemple, prit son origine de la *kalinda*, une danse afro-caribéenne au rythme enivrant.

En 1928, lorsque l'on réalisa le premier enregistrement de musique cadienne, des classiques tels que *Allons à Lafayette*, *Hip et Taïaut* et *Jolie Blonde* existaient déjà dans le répertoire de la musique cadienne.

Au cours des années 1920 et 1930, la découverte du pétrole et la construction d'autoroutes dans le sud de la Louisiane firent venir dans la région une vague de travailleurs américains d'origine anglo-saxonne, surtout en provenance du Texas. En même temps, beaucoup de Cadiens émigrèrent au sud-est du Texas pour travailler dans les champs pétrolifères et les raffineries de la région de Beaumont, Port Arthur et Orange. Le contact avec les Texans anglophones exposa pour la première fois les musiciens cadiens à la musique dite « country and western ». Cette influence donna naissance à des groupes de musique « western swing » cadiens dans lesquels figuraient guitare, violon, *steel guitar* (guitare avec cordes en acier), basse, batterie et même banjos et mandolines. Du coup, l'accordéon disparut pratiquement de la musique cadienne pendant l'ère du « string-band ».

Cependant, à la fin des années 1940, l'accordéon fit son retour, réhabilité par des maîtres accordéonistes comme Iry Lejeune, Lawrence Walker et Nathan Abshire. Simultanément, la guitare et le violon passèrent à l'arrière-plan et servirent d'accompagnement. Les groupes cadiens maintinrent toutefois l'emploi de la *steel guitar*, de la basse et de la batterie de l'ère du « string-band ».

Mais le retour de l'accordéon à la musique cadienne se fit en même temps que l'avènement de deux styles de musique de plus en plus populaires : le rhythm and blues et le rock'n'roll, représentés dans la région par la musique *swamp pop*. Alors que les jeunes Cadiens écartèrent la musique traditionnelle en faveur des rythmes plus attirants d'Elvis Presley, de Fats Domino et de Little Richard, entre autres, la musique cadienne semblait sur le point de s'éteindre.

Puis, en 1964, des musiciens cadiens furent reçus avec moult acclamations au Newport Folk Festival de Rhode Island. Ceci déclencha une renaissance de la musique cadienne, qui franchit une étape importante avec la création en 1974 du premier festival d'hommage à la musique cadienne (maintenant intitulé *Festivals Acadiens et Créoles)* à Lafayette. À la même époque, de jeunes musiciens comme Michael Doucet et Zachary Richard repoussaient les limites de la musique cadienne, en y intégrant d'autres styles tout en restant fidèles à la tradition fondamentale. Pendant les années 1980, la musique cadienne et son sosie créole noir, le zydeco, jouissaient d'une renommée mondiale qui continue aujourd'hui.

Des Cadiens en train de
pêcher le long du Bayou Teche.
Source : *Harper's New Monthly
Magazine*, février 1887, 349.

la diversité de ses influences françaises, espagnoles, amérindi-
ennes et afro-caribéennes. Les Cadiens empruntèrent le terme
gombo du mot qui désigne l'« ocra » en Afrique de l'Ouest. Il s'agit
d'un légume introduit dans le sud de la Louisiane par les esclaves
africains et estimé par plusieurs comme l'ingrédient incontourn-
able du gombo. Les Cadiens obtenaient du « filé » (des feuilles
pulvérisées de l'arbre de sassafras) des Amérindiens, et s'en servaient pour épaissir et assaisonner le gombo. Ils adoptèrent des
Espagnols le cayenne, un piment rouge qui donne au gombo sa
saveur épicée. Et le roux provenait de l'héritage français, propre
aux Cadiens.

Les Cadiens appréciaient beaucoup les produits de charcute-
rie faits maison tels que l'andouille (une saucisse de porc fumé), le
tasso (de la viande séchée et fumée) et le boudin (un mélange de

riz et de viande assaisonné dans un boyau de saucisse). Ils dégus-
taient aussi des écrevisses, surtout pendant le carême, lorsque les
Catholiques renonçaient à la viande rouge comme sacrifice symbolique. (Contrairement à ce que l'on pense généralement, les
écrevisses ne se mangeaient guère avant le milieu du vingtième
siècle, lorsque l'émergence d'un plat très apprécié, l'étouffée
d'écrevisses, rendit ce crustacé célèbre. La création du Festival de
l'écrevisse à Pont Breaux contribua davantage à sa popularité).

Une autre tradition cadienne très en vogue à cette époque-là
fut le bal de maison, appelé aussi le « fais do-do » (parce que les
parents couchaient les enfants dans les pièces à côté de celle où
avait lieu le bal). Le bal de maison offrait non seulement du diver-
tissement, mais aussi une occasion pour les jeunes de se rencon-
trer sous la supervision des adultes. Une version plus modeste du
bal de maison, appelée la veillée, réunissait voisins et parents pour
une soirée de cuisine, de musique et de conversation. Une autre
tradition fut celle de la « boucherie » (abattage collectif des animaux d'élevage) – un événement important avant l'avènement des
réfrigérateurs et des supermarchés. D'autres traditions incluaient
la « ramasserie » (la récolte communale), le « coup de main » (la
construction en commun d'une maison ou d'une grange) et la
course du Mardi gras, appelée aussi le « courir du Mardi gras »,
une tradition selon laquelle des hommes masqués passaient à cheval d'une ferme à l'autre pour quémander les ingrédients néces-
saires au grand gombo communal.

Chapitre cinq

Les Cadiens « américanisés »

Le changement advenait lentement, mais sûrement au cœur du pays des Cadiens. Dans les années 1880, la voie ferrée traversa le sud de la Louisiane, facilitant l'accès à la région aux gens de l'extérieur ainsi que le départ des Cadiens pour de nouveaux horizons, des endroits bien au-delà des bayous, des marais et des prairies francophones. L'automobile apparut au début des années 1900 et finalement arrivèrent les autoroutes, dont beaucoup furent construites au cours des années 1920 et 1930, pendant l'administration de Huey P. Long, politicien célèbre et excentrique. Comme la voie ferrée, les autoroutes contribuèrent à faire tomber les murs qui séparaient jusque-là le pays cadien du reste de l'Amérique.

Un autre grand changement qui transforma le sud de la Louisiane fut la scolarisation obligatoire. En 1916, l'État de la Louisiane ratifia une loi qui interdisait aux parents de garder leurs enfants à la maison pour faire des travaux ménagers ou labourer dans les champs au lieu de les envoyer à l'école. Les enfants devaient aller à l'école, affirma l'État, et ils le firent par dizaines de milliers. Parmi eux se trouvaient des enfants cadiens qui parlaient mal ou pas du tout l'anglais, langue que la constitution de l'État avait déclarée, en 1921, officielle et exclusive dans le contexte scolaire.

Signe de la montée de l'alphabétisation, une bibliothèque mobile s'arrête dans une communauté cadienne rurale à l'époque de la Deuxième Guerre mondiale. Permission de la National Archives and Records Administration.

Pour enseigner l'anglais aux enfants cadiens francophones, les enseignants avaient recours à une pratique qui signala bientôt la fin du français dans le sud de la Louisiane : la sanction générale de tout enfant cadien qui parlait français à l'école. Entre 1920 et 1960, on fit subir à trois générations de jeunes Cadiens d'humiliantes punitions pour avoir osé s'exprimer dans leur langue maternelle. Ils étaient fouettés et giflés. On les frappait sur la main avec une règle, leur tirait les oreilles et le col, leur lavait la bouche au savon et les obligeait à écrire des centaines de fois : « *Je ne parlerai pas français à l'école. Je ne parlerai pas français à l'école . . .* ».

La sanction et le ridicule qui l'accompagnait apprirent aux jeunes Cadiens à avoir honte de leur langue maternelle et de leur héritage en général. Devenus adultes, ils refusaient d'enseigner le français à leurs propres enfants. C'est ainsi qu'ils arrivèrent à la conclusion que le français n'avait aucune valeur dans le monde anglophone moderne.

Les noms de famille cadiens

Certains noms de famille sont tout à fait propres aux Cadiens, tandis que d'autres ressemblent à ceux que l'on trouverait n'importe où aux États-Unis. Les noms qu'on reconnaît le plus facilement comme cadiens sont en général d'origine acadienne et furent introduits en Louisiane par les exilés acadiens entre 1765 et 1785. Parmi ces noms de famille se trouvent les suivants (pour n'en énumérer que quelques-uns) : Allain, Arceneau/Arceneaux, Aucoin, Babin, Babineau/Babineaux, Benoit/Benoît, Bergeron, Bernard, Blanchard, Boudreau/Boudreaux, Bourg/Bourque, Bourgeois, Brasseaux/Brasseaux, Braud/Breaux, Broussard, Brun, Castille, Chiasson, Comeau/Comeaux, Cormier, Cyr, Daigle, David, Doucet, Dugas/Dugat, Dupuis/Dupuy, Foret/Forêt, Gaudet, Gautreau/Gautreaux, Giroir, Granger, Gravois, Guédry/Guidry, Guilbeau, Hebert/Hébert, Jeansonne, LaBauve, Landry, Langlinais, LeBlanc, Leger, LeJeune, Martin, Melançon, Mouton, Naquin, Orillon, Pellerin, Pitre, Poirier, Prejean, Richard, Robichaud/Robichaux, Rodrigue, Roy, Savoie/Savoy, Sonnier/Saunier, Thériot, Thibodeau/Thibodeaux, Trahan, et Vincent.

En Louisiane, les Acadiens se mariaient avec des gens d'autres groupes ethniques qui vivaient sur ces territoires semi-tropicaux. Ce faisant, ils devinrent Cadiens, ce qui donna, à la suite de ces mariages mixtes, de nombreux noms de famille qui n'étaient pas acadiens. Parmi ceux-ci se trouvent des noms français et créoles comme Fontenot, François, Picard ou Soileau ; des noms espagnols tels que Castille (un nom de famille aussi acadien), Dartez, Migues/Miguez et Romero ; des noms allemands comme Folse, Himel/Hymel, Schexnayder/Schexnaider et Stelly, et des noms anglo-saxons et celtiques comme McGee, Miller et Walker.

Malgré les origines diverses des noms cadiens, la langue traditionnelle des Cadiens demeura le français. Comme l'expliqua un jour le violoneux cadien Dennis McGee, dont le nom est d'origine celtique : « McGee, voilà un nom français. Je ne connais pas un seul McGee qui ne parle pas français ».

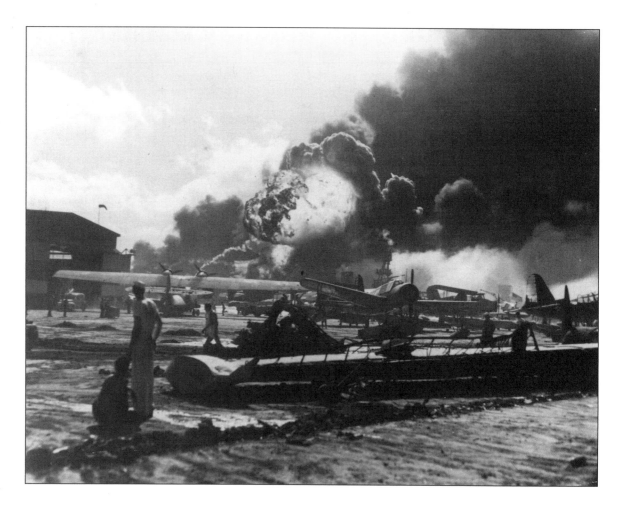

Les événements historiques amenèrent de nouveaux change-
ments au pays des Cadiens. Si la Première Guerre mondiale (1914–
18) et la Grande Dépression (1929–41) avaient eu peu d'impact
sur le sud de la Louisiane – peu de Cadiens furent mobilisés lors
de la Première Guerre mondiale et la majorité des Cadiens était
trop pauvre pour être touchée par la Grande Dépression –, la
Deuxième Guerre mondiale marqua des transformations importantes pour le peuple cadien. Conflit monumental, la Deuxième
Guerre mondiale fit rage en Europe, en Asie, en Afrique du Nord
et dans le Pacifique entre 1939 et 1945, alors que les États-Unis,

Un marin cadien, Ralph
« Frenchie » LeBlanc de Pont
Breaux, debout, avec un
camarade blessé lors de
l'attaque de Pearl Harbor,
le 7 décembre 1941.

la Grande-Bretagne, l'Union Soviétique et d'autres pays luttaient contre les dictatures militaires brutales de l'Allemagne, de l'Italie et du Japon.

Les États-Unis s'engagèrent dans la Deuxième Guerre mondiale en décembre 1941 lorsque le Japon lança une attaque inattendue sur la base militaire américaine de Pearl Harbor, située dans l'archipel d'Hawaii. Immédiatement, les Américains se mobilisèrent pour soutenir l'effort de guerre de leur pays. Parmi eux, le peuple cadien, dont près de vingt-cinq mille hommes servirent dans les forces militaires pendant ce conflit. La plupart de ces G.I. cadiens n'avaient jamais quitté le sud de la Louisiane avant leur inscription au service militaire, mais se trouvaient subitement dans des camps d'entraînement, des tranchées-abris, des jeeps, des tanks, sur des bateaux et dans des avions à des milliers de kilomètres de chez eux. Là, ils entrèrent en contact avec d'autres soldats et marins américains qui parlaient anglais – une langue que les Cadiens ont vite dû maîtriser pour pouvoir survivre au combat. L'engagement militaire dévoila aux soldats cadiens un monde bien différent du sud de la Louisiane. Ils découvrirent des peuples, des lieux et des mœurs qui jusqu'alors leur étaient inconnus.

Cette expérience de guerre « américanisa » rapidement les troupes cadiennes – c'est-à-dire qu'ils devenaient de plus en plus comme les Américains anglophones majoritaires des États-Unis. Rentrés de la guerre, certains soldats cadiens ne prononçaient plus leurs propres noms de famille français correctement, une conséquence du contact avec leurs camarades américains. D'autres soldats cadiens oublièrent même temporairement leur français, bien que ce fût leur langue maternelle et, dans certains cas, leur unique langue de communication avant leur engagement militaire.

Les Cadiens qui ne servaient pas dans les forces armées s'américanisaient également pendant la Deuxième Guerre mondiale. Presque chaque Cadien – homme, femme ou enfant – connaissait un militaire, que ce soit un oncle, un frère ou un cousin. Cette mobilisation des Cadiens a eu pour effet que ceux qui étaient restés au pays furent aussi entraînés dans le conflit et, pour la première fois, ils prirent profondément conscience de leur identité américaine. Comme d'autres Américains, ils achetaient des bons de la Défense nationale pour permettre au gouvernement des États-Unis de s'équiper en avions, en navires et en chars d'assaut. Ils récupéraient de la ferraille pour la faire fondre en obus et en balles. Ils plantaient des « jardins de la victoire » pour atténuer les pénuries de vivres. Ils devinrent policiers, pompiers et infirmiers auxiliaires. Ils observaient le ciel pour repérer les avions et partaient en patrouille à cheval ou en pirogue (un bateau étroit à fond plat) le long de la côte à la recherche de sous-marins ennemis. Comme les Cadiens engagés dans l'armée, les Cadiens mobilisés chez eux éprouvaient une nouvelle fierté à l'égard de leur nationalité américaine une fois la guerre terminée.

Après la guerre, les Cadiens continuèrent à adopter les valeurs américaines courantes. Comme leurs compatriotes, par exemple, ils firent preuve d'un patriotisme fervent durant la guerre froide, la lutte mondiale entre la démocratie et le communisme qui fit éruption entre les États-Unis, l'Union Soviétique et leurs alliés au milieu des années 1940. Les Cadiens luttèrent contre les forces communistes pendant la guerre de Corée et plus tard pendant la guerre du Vietnam, et contribuèrent à identifier ceux que l'on soupçonnait d'être des agents communistes aux États-Unis. (Les attaques du 11 septembre 2001 et la « guerre contre le terrorisme » allaient produire un effet semblable chez les Cadiens qui, comme la majorité des Américains, éprouvaient alors un renouveau de patriotisme).

En même temps, les Cadiens ayant servi dans la Deuxième Guerre mondiale et la guerre de Corée profitèrent de la Déclaration des droits des G.I. (*G.I. Bill of Rights*) pour améliorer

Le Mardi gras

Même si on associe souvent le Mardi gras à La Nouvelle-Orléans, de nombreuses communautés cadiennes proposent des célébrations du Mardi gras. Celles-ci ont lieu chaque année la veille du mercredi des cendres, jour où les Catholiques commencent une période d'abstinence qui s'appelle le carême.

Si une grande célébration moderne du Mardi gras a lieu dans la ville de Lafayette, plusieurs célébrations rurales plus traditionnelles ont lieu à Mamou, à Pointe-de-l'Église, à Basile, à Iota, à Kinder et à Eunice. Là, des groupes de fêtards vont à cheval dans la campagne pour s'arrêter aux maisons et quémander les ingrédients d'un grand gombo communal. Cette tradition s'appelle « la course du Mardi gras » (ou « le courir du Mardi gras »). Pour les jeunes Cadiens, « le courir » sert de rite de passage. Pour les plus âgés, il s'agit plutôt d'un rituel qui leur permet de resserrer les liens entre eux.

Le « courir » trouve ses origines dans la « fête de la quémande », célébrée au Moyen-âge. Parmi les vestiges de cette tradition médiévale, l'on reconnaît le port de chapeaux pointus, de mitres et de mortiers, dans le but de tourner en dérision les riches, le clergé et les gens instruits. Les costumes très bariolés, et le plus souvent confectionnés à la maison, permettent de renverser l'ordre social établi. Malgré son aspect chaotique, le « courir » est gouverné par des règles appliquées par le chef des cavaliers, le « capitaine ». À titre d'exemple, les cavaliers ne pénètrent pas sur une propriété privée sans l'autorisation du « capitaine ».

Depuis peu, les célébrations du Mardi gras à la campagne sont devenues d'importantes attractions touristiques (au grand déplaisir de certains conservateurs qui estiment que les touristes seront bientôt plus nombreux que les locaux).

leur sort ainsi que celui de leur famille. Voté par le Congrès des États-Unis afin de récompenser les anciens combattants pour leur sacrifice en temps de guerre, le *G.I. Bill of Rights* subventionnait les études des vétérans au secondaire ou à l'université et mettait à leur disposition des emprunts à des taux abordables, qui leur permettaient d'acheter des maisons ou d'ouvrir des commerces. Grâce à ces possibilités, les anciens combattants cadiens pouvaient parfaire leur éducation, obtenir un travail bien rémunéré et abandonner leur mode de vie basé sur l'agriculture vivrière. Au lieu de travailler comme métayers, ils devinrent plombiers, charpentiers, électriciens ainsi que médecins, avocats et ingénieurs.

L'industrie du pétrole en plein essor offrait aux Cadiens la possibilité d'abandonner leurs terres et de s'intégrer dans la société américaine contemporaine. Après la Deuxième Guerre mondiale, les riches gisements pétroliers sur la côte et dans le golfe du Mexique transformèrent le pays cadien en un centre dynamique d'exploration pétrolière. La région attira des centaines d'entreprises liées à l'exploitation du pétrole et des milliers d'ouvriers furent embauchés dans les champs pétrolifères : des travailleurs appelés *roustabouts* et *roughnecks*, qui œuvraient sur des plateformes dangereuses en mer, aux dessinateurs et aux ingénieurs qui travaillaient dans des bureaux modernes.

Grâce au pétrole et à l'éducation, les Cadiens adoptèrent le « Rêve américain », profitant de leur nouvelle prospérité pour acquérir toutes sortes d'objets de luxe, y compris des maisons, des voitures et des appareils modernes comme des climatiseurs, des réfrigérateurs, des laveuses et des sécheuses. Les Cadiens achetaient aussi des téléviseurs, une nouvelle invention qui plus que toute autre lia le sud de la Louisiane au mode de vie américain. La télévision présenta aux Cadiens un monde qui semblait magique et qui était peuplé de gens intrigants, vivant dans des lieux lointains comme New York et Hollywood. Elle les séduisait au moyen d'annonces publicitaires éblouissantes en affichant des produits qui promettaient d'améliorer leur vie quotidienne. Elle les incita à

Une foule d'adolescents cadiens écoute un groupe « swamp pop » à La Nouvelle-Ibérie, vers 1963. Permission Huey Darby.

La musique *swamp pop*

Aux accents nettement rock'n'roll, le *swamp pop*, que ce soit dans le sud de la Louisiane ou dans l'est du Texas, fusionne les styles suivants : le *rhythm and blues*, le *country and western* et la musique cadienne et afro-créole.

Le *swamp pop* fit son apparition entre le milieu et la fin des années 1950, alors que de jeunes musiciens cadiens et afro-créoles expérimentaient la musique populaire moderne. Ce faisant, ils fusionnaient les sons des artistes américains avec les traditions de la musique *folk* du sud de la Louisiane.

La musique *swamp pop* se caractérise par des parties vocales chargées d'émotivité, des paroles simples (et parfois bilingues), le *honky-tonk* au piano et des parties de saxophone bruyantes avec, en arrière-plan, un *rhythm and blues* percutant. Les compositions enjouées ont les rythmes accélérés des « deux-pas » de la musique cadienne et afro-créole, et leurs paroles communiquent fréquemment la joie de vivre si répandue dans le sud de la Louisiane. Par ailleurs, les ballades lentes et souvent mélancoliques du *swamp pop* – avec leurs notes de basse ondulantes, leurs revirements dramatiques et leurs coupures saisissantes, le tout sur fond de triolets accentués au piano – révèlent les lamentations poignantes et la lassitude de beaucoup de compositions cadiennes et afro-créoles.

Parmi les classiques du genre, l'on trouve *I'm Leaving It Up To You* de Dale and Grace, *Running Bear* de Johnny Preston, *Before the Next Teardrop Falls* de Freddy Fender, *Sea of Love* de Phil Phillips et *Just a Dream* de Jimmy Clanton, tous des succès nationaux. Les trois premiers ont même fait la une du palmarès musical. Et depuis 1958, plus de vingt chansons *swamp pop* ont figuré au Billboard Hot 100.

Dans le sud de la Louisiane, cependant, amateurs et artistes considèrent que de nombreuses chansons moins célèbres d'un point de vue national sont essentielles au répertoire de base *du swamp pop*. Parmi ces classiques se trouvent les succès régionaux suivants : *Mathilda* de Cookie and the Cupcakes, *This Should Go on Forever* de Rod Bernard, *Big Blue Diamonds* de Clint West, *Sweet Dreams* de Tommy McLain, *Let's Do the Cajun Twist* de Randy and the Rockets, *Graduation Night* de T.K. Hulin, *Opelousas Sostan* de Rufus Jagneaux et *South to Louisiana* de Johnnie Allan.

demeurer chez eux plutôt que de participer à des activités plus traditionnelles comme la « veillée » ou le « fais do-do ». Et comme les
émissions nationales et la plupart des émissions régionales étaient
diffusées en anglais, la télévision finit par convaincre les Cadiens
que parler français n'avait pas beaucoup d'importance.

Les adolescents cadiens des années 1950 adoptaient la culture américaine encore plus vite que leurs parents. Comme les
adolescents du pays entier, les jeunes Cadiens passaient leur
temps dans des *malt shops* et à jouer au baseball, à danser ou à
aller au cinéma. Fascinés, ils écoutaient de nouveaux chanteurs
et musiciens, comme Fats Domino, Little Richard et Elvis Presley,
tout en inventant leur propre style de rock. Appelée le *swamp
pop*, cette musique du sud de la Louisiane maria les mélodies du
rock'n'roll et du *country and western* aux influences cadiennes et
afro-créoles. La musique *swamp pop* devint tellement populaire
pendant son apogée (de 1958 à 1964) qu'elle dépassa de loin
la musique plus traditionnelle cadienne et le zydeco en nombre
d'adeptes et de disques vendus.

Dès les années 1960, les enfants cadiens ne craignaient plus
d'être punis à l'école pour avoir parlé français – surtout parce
que si peu d'entre eux en étaient capables. Parmi les Cadiens nés
entre le milieu et la fin des années 1960, seulement un sur huit
parlait le français comme langue maternelle. Peu d'entre eux s'en
servaient même comme langue seconde. Et les chiffres tombent
rapidement pour les Cadiens nés après 1970. « Les jeunes savent
si peu parler français, remarqua en 1968 un journaliste en visite,
que le caractère bilingue qui distingue le sud de la Louisiane ris-
que de disparaître. »

En fin de compte, l'américanisation a fait que les enfants cadiens étaient presque identiques à ceux du reste des États-Unis. Ils
jouaient avec des poupées issues de la production de masse (GI Joe
et Barbie) et regardaient des séries télévisées telles que *Gilligan's
Island* et *The Brady Bunch*. Ils parlaient souvent avec l'accent neutre

du Midwest ou celui plus nasillard du Texas qu'ils avaient acquis en côtoyant des enfants anglo-américains pendant la récréation à l'école. Beaucoup demeuraient inconscients de leur héritage ou en étaient simplement détachés. Lorsqu'un journaliste du *New York Times* descendit dans le sud de la Louisiane en 1968 pour interviewer de jeunes Cadiens, il trouva des adolescents aux cheveux longs qui dansaient sur une musique psychédélique sous des lumières scintillantes et tournoyantes. Quelque peu déçu, il remarqua que de tels jeunes pouvaient se trouver dans n'importe quelle université américaine. Un journal du sud de la Louisiane résuma la situation en gros titre : *« Les jeunes Cadiens sont peu emballés par la langue française »*.

À la fin des années 1960, de nombreux observateurs prévoyaient l'extinction complète de la culture traditionnelle cadienne.

Chapitre six

La renaissance cadienne

Dans les années 1960, on assiste à la naissance d'un certain nombre de mouvements de contestation sociale par lesquels des personnes de toute origine, y compris les Cadiens, affirmaient ouvertement leurs origines ancestrales et leur héritage distinct. Cette tendance, qui découlait du mouvement afro-américain pour les droits civiques, inspira des personnes d'ascendance hispanique et amérindienne ainsi que d'autres groupes ethniques à s'organiser pour préserver et promouvoir leur propre héritage.

Grâce à ces mouvements de lutte pour la reconnaissance des droits des minorités, beaucoup d'Américains commencèrent à s'intéresser à la généalogie, à voyager en destination de leurs terres ancestrales, à porter des habits traditionnels ou à donner à leurs enfants des prénoms d'origine ethnique. Des chercheurs fondaient des centres pour étudier les cultures minoritaires, tandis que les universités proposaient des cours d'histoire, d'art et de littérature multiculturels. Le gouvernement fédéral appuyait les revendications de la part du public pour une société plus multiculturelle. Par exemple, la loi sur l'éducation bilingue (*Bilingual Education Act, 1968*) subventionnait l'enseignement en langue maternelle pour les enfants de groupes minoritaires et la loi sur les études d'héritage culturel (*Ethnic Heritage Studies Act, 1972*) octroyait des bourses de recherche sur les cultures minoritaires aux États-Unis. Le bureau de recensement (*U.S. Census Bureau*) commençait à interroger les Américains sur leurs origines, tandis que les candidats politiques qui se présentaient aux élections faisaient davantage appel à l'électorat minoritaire.

Dans le cadre de cette tendance, dont l'ampleur était nationale, les Cadiens lancèrent leur propre mouvement d'affirmation identitaire. En 1968, le gouvernement louisianais vota une loi qui obligeait les écoles publiques (au primaire comme au secondaire) à offrir des cours de français, ce qui constitua une volte-face vis-à-vis de la politique antérieure, qui faisait subir aux petits Cadiens des punitions sévères s'ils parlaient français à l'école. En outre, les Cadiens exigèrent que les universités en Louisiane offrent une formation pédagogique à l'enseignement du français, et que l'État traduise en français ses documents juridiques ainsi que d'autres annonces publiques.

Les chefs politiques cadiens développèrent des liens commerciaux entre le sud de la Louisiane et d'autres régions francophones. Les enfants cadiens bénéficièrent de programmes d'échange qui leur permettaient de vivre dans des familles francophones au Québec, tandis que les familles cadiennes, à leur tour, accueillaient des enfants québécois. Dans un geste symbolique, les militants cadiens firent jumeler leurs communautés avec des villes et des villages en France, en Belgique et au Québec.

Au cours de cette période dynamique de revendication et d'affirmation identitaire, un événement des plus importants eut lieu : la création du Conseil pour le Développement du Français en Louisiane (CODOFIL). Institué en 1968 par l'État de la Louisiane et subventionné par des fonds gouvernementaux considérables, le CODOFIL avait une mission claire : « *faire tout ce qui est nécessaire pour encourager le développement, l'utilisation et la préservation du français tel qu'il existe en Louisiane pour le plus grand bien culturel, économique et touristique de l'État* ». Pour réaliser ses objectifs, le CODOFIL misait principalement sur l'enseignement du français

Acadiana et le drapeau acadien : symboles de fierté

Dès 1956, le *Crowley Daily Signal,* un quotidien de la paroisse d'Acadie, donna le nom *Acadiana* à sa rubrique de faits divers sociaux de la région. En 1963 cependant, une nouvelle station de télévision de Lafayette, KATC-TV 3, fit la redécouverte du terme lorsque se glissa une faute de frappe dans le nom de sa société mère, the Acadian Television Corporation. Il s'agissait de l'ajout d'un 'a', ce qui donnait comme résultat *Acadiana.* Notant l'erreur, le directeur de la station trouvait le néologisme accrocheur, surtout parce qu'il semblait jumeler les mots Acadien et Louisiana.

La station KATC se mit à appliquer le nom à la région où elle diffusait ses ondes. Le mot prit vite racine et finit par décrire une grande partie du sud de la Louisiane. Un examen récent de l'annuaire de la région centrale du sud de la Louisiane révéla plus de 450 entreprises et autres organisations dont le nom comprenait le mot *Acadiana* – allant de l'école secondaire Acadiana jusqu'au zoo d'Acadiana.

En 1971, l'État de la Louisiane reconnut officiellement la culture distincte de la région d'Acadiana (parfois appelé « Acadiane » en français). Elle comprend les vingt-deux paroisses suivantes : Acadie, Ascension, Assomption, Avoyelles, Calcasieu, Cameron, Évangeline, Ibérie, Iberville, Jefferson Davis, Lafayette, Lafourche, Pointe-Coupée, Saint-Charles, Saint-Jacques, Saint-Jean-le-Baptiste, Saint-Landry, Saint-Martin, Sainte-Marie, Terrebonne, Vermilion et Bâton-Rouge de l'Ouest.

Trois ans plus tard, l'État adopta officiellement un drapeau pour la région d'Acadiana. Connu comme le « *drapeau des Acadiens louisianais* » (c'est-à-dire des Cadiens), il fut conçu en 1965 par le professeur Thomas Arceneaux de l'Université du Sud-Ouest de la Louisiane (maintenant l'Université de Louisiane à Lafayette). Symbole de fierté, le drapeau est composé de trois sections : l'étoile jaune sur fond blanc, expliqua Arceneaux, représente la participation des exilés acadiens à la Révolution américaine sous le gouverneur espagnol Bernardo de Gálvez ainsi que l'héritage catholique des Acadiens ; les fleurs de lis sur fond bleu rappellent l'héritage français des Acadiens ; le château doré sur fond rouge symbolise le régime colonial espagnol en Louisiane, lorsque les Acadiens arrivèrent dans leur nouvelle patrie.

Aujourd'hui, on voit le drapeau acadien partout dans la région d'Acadiana, normalement sous les drapeaux américains et louisianais.

aux enfants de l'État. Les dirigeants du mouvement considéraient l'enseignement du français comme la clef de voûte de la préservation du français en Louisiane.

Le gouverneur John McKeithen choisit James Domengeaux, un « Acadien distingué », pour présider le CODOFIL. Né en 1907 dans une famille aisée du sud de la Louisiane, Jimmy Domengeaux fit ses études de droit à l'Université de Tulane avant d'entrer en politique. Il occupa un poste à l'Assemblée législative et au Congrès jusqu'en 1949, lorsqu'il quitta le secteur public pour diriger un cabinet d'avocat. En 1968, au lieu de prendre une retraite confortable, il choisit de relever le plus grand défi de sa carrière : préserver le français en Louisiane. *« Le mouvement de sauvegarde est survenu à cause de l'urgence qu'il y a de sauver le français en Louisiane*, a-t-il expliqué lors de la fondation du CODOFIL. *Pour cela, il faut faire ce qui doit être fait »*.

Domengeaux affirma que la famille typique du sud de la Louisiane était en train de perdre son identité cadienne : elle abandonnait ses traditions et, plus grave encore, sa langue. Le CODOFIL devait, déclara-t-il, *« susciter un intérêt pour le français chez les enfants, mais aussi chez les parents, leur inculquer qu'il est 'chic' de parler français. Et par-dessus tout, nous devons mobiliser nos enseignants, qui seront à la tête du mouvement »*.

Domengeaux ne perdit aucun temps à bâtir l'organisation. Il jura de rendre l'enseignement du français accessible aux élèves dans les écoles publiques de la Louisiane, quel que soit leur héritage. La tâche serait difficile, Domengeaux le savait bien, car il fallait monter tout le programme à partir de rien.

Certains Cadiens, cependant, condamnaient le fait que le CODOFIL attribue tant d'importance au français dit « parisien » aux dépens du français louisianais. Ils critiquaient la mise en place d'enseignants étrangers plutôt que louisianais. Mais, en dépit des critiques, le CODOFIL développait des programmes de français dans les écoles. Il renforçait les liens culturels et économiques avec la France, la Belgique, le Québec et d'autres régions franco-

Le drapeau acadien dévoilé à Lafayette, environ 1968. Quatrième en partant de la droite : le chef du CODOFIL, Jimmy Domengeaux.

Le violoneux Dewey Balfa,
au centre, joue de la musique
cadienne avec ses frères
dans les années 1970. Avec
l'aimable autorisation de
Christine Balfa.

phones. Il faisait la promotion de la région maintenant appelée « Acadiana » (en l'honneur des origines des Cadiens) dans le sud de la Louisiane et présentait la région dans les médias comme une destination touristique fascinante. Enfin, le CODOFIL servait et sert toujours d'organisme de défense des Cadiens. Il dénonce les préjugés et l'ignorance – lorsqu'un film ou une émission télévisée fait figurer un Cadien de façon grossière ou injuste, par exemple. Ces réussites ont contribué à la renaissance du français en Louisiane et à l'affirmation d'un sentiment de fierté et d'autonomie chez les Cadiens.

Pendant que le CODOFIL s'établissait, une nouvelle expression, « Cajun Power », c'est-à-dire « force cadienne », devenait populaire dans le sud de la Louisiane. Edwin W. Edwards, politicien haut en couleur, en fit sa devise lorsqu'il se présenta en 1972 aux élections pour le plus haut poste de l'État. En tant que premier gouverneur cadien, Edwards mettait l'accent sur son héritage français au cours de ses discours publics. Ses partisans étaient ravis quand il prêta serment d'abord en français, puis en anglais*. En 1974, Edwards présida l'adoption d'une nouvelle constitution par l'État de la Louisiane. Celle-ci protège les droits civils et réduit la bureaucratie. Fait significatif, elle protège aussi le droit des Louisianais de « préserver, encourager et promouvoir » leurs langues et héritages traditionnels, y compris le français. (Plus tard, ce droit civique entra en conflit avec un mouvement national des années 1980 qui prônait l'exclusivité de l'anglais.)

Tandis que de nombreux Cadiens considéraient les politiciens puissants tels qu'Edwards et Domengeaux comme des leaders culturels, d'autres préféraient les Cadiens de la classe populaire comme Dewey Balfa, chauffeur d'autobus scolaire et représentant modeste d'une compagnie d'assurance. Originaire de la petite ville agricole de Basile, Balfa se distinguait comme violoneux, chanteur et chansonnier. Le soir et la fin de semaine, il jouait de la musique traditionnelle avec son groupe, les frères Balfa, dans les salles de danse du sud de la Louisiane, comme c'était la tradition depuis les années 1920. En 1964, Balfa et deux autres musiciens cadiens furent invités au célèbre Newport Folk Festival dans l'État du Rhode Island. L'expérience transforma la vie de Balfa : ébloui par l'enthousiasme du public dans le nord pour sa musique traditionnelle, Balfa rentra dans le sud de la Louisiane pour devenir un militant culturel dédié à la préservation et à la promotion de son héritage.

Balfa incita d'autres musiciens cadiens, comme Dennis McGee, Nathan Abshire et Aldus Roger, à enregistrer de la musique cadienne qu'on avait presque oubliée et à l'inclure dans leurs concerts. Il persuada le producteur local Floyd Soileau de produire des disques de musique traditionnelle cadienne. Il conçut l'Hommage à la musique cadienne, étape importante dans

---

*Certains historiens affirment qu'Alexandre Mouton et Paul O. Hébert furent les premiers gouverneurs cadiens de l'État. Cependant, ils naquirent avant la Guerre civile, précédant l'avènement des Cadiens comme peuple distinct, et seraient donc des Acadiens plutôt que des Cadiens.

le mouvement d'autonomisation et de fierté cadienne. Parrainé par le CODOFIL et le célèbre Institut Smithsonian à Washington, D.C., le premier Hommage à la musique cadienne eut lieu en 1974 à Lafayette, qui se proclama capitale de la Louisiane cadienne. Pour la première fois, ce festival de musique réunit les musiciens cadiens (et afro-créoles) les plus accomplis. L'événement eut lieu non pas dans un bar enfumé ou dans une salle de danse, mais dans une arène moderne publique bondée de milliers de spectateurs enthousiastes. La musique cadienne n'avait jamais été tant mise en valeur auparavant.

Le premier hommage à la musique cadienne, Lafayette, 1974. Avec la permission de Elemore Morgan Jr.

L'hommage démontra que la musique cadienne pouvait être appréciée de façon sérieuse et qu'elle était beaucoup plus qu'un tintamarre assourdissant, plus que du *chanky chank* qu'on joue dans des bars (expression utilisée par ses détracteurs pour suggérer que la musique cadienne manque de raffinement et qu'elle est bruyante et sans valeur culturelle). Non seulement le festival mit-il à l'honneur la musique cadienne, mais il éleva les musiciens au rang de héros culturels cadiens. Électrifiés par leur expérience, ces musiciens devinrent des ambassadeurs culturels qui, pendant des années, firent connaître la musique cadienne et ses traditions à un public mondial.

Toutefois, les musiciens n'étaient pas les seuls ambassadeurs de la culture cadienne. Des chefs de cuisine, dont Paul Prudhomme, remplirent également ce rôle. Vers 1980, Prudhomme inventa un nouveau plat, le sébaste saisi à la poêle (*blackened redfish*), un poisson très assaisonné cuit dans une poêle chauffée à blanc. Faisant son chemin du sud de la Louisiane jusqu'aux grandes villes des côtes est et ouest, et bien au-delà, la recette épicée devint vite un phénomène international.

La fascination générale provoquée par la cuisine exotique de Paul Prudhomme suscita l'exploitation de produits « cadiens » par les chaînes de restauration rapide et les supermarchés. Les consommateurs américains avaient bientôt droit à des hamburgers cadiens, ainsi qu'à des pizzas, tacos, pâtes, salades, sandwiches et croustilles de pommes de terre (*potato chips*) cadiens qui n'étaient pas du tout authentiques. *Cajun Crispy Chicken Deluxe, Cajun McChicken Sandwich* et *Cajun Biscuits,* voilà quelques-uns des choix qui figuraient au menu de McDonald's. En contrepartie, Burger King, son rival principal, proposa le *Cajun Whaler,* le *Cajun Chick'n Crisp* et le *Cajun Cheeseburger.* Pendant ce temps, Popeye's engrangea des milliards de dollars en se faisant passer pour un restaurant cadien.

La mode cadienne se répandit bientôt en dehors du monde culinaire. Hollywood en profita pour produire des films et des

« *Contre vents, contre marées* »

Originaire du sud de la Louisiane, Zachary Richard a exploré les limites de la musique cadienne, à laquelle il fusionne le rock. Avec ses nombreux albums et recueils de poésie en français cadien, il a su attirer des foules d'admirateurs en Louisiane, au Québec et en France.

En tant que militant de la culture cadienne, Richard examine, à travers ses chansons et sa poésie, l'histoire et l'identité acadiennes et cadiennes ainsi que le rôle du Cadien dans le monde moderne. Dans « *Contre vents, contre marées* », il exprime les émotions amères qu'aurait pu ressentir un exilé acadien pendant le long voyage d'Acadie vers la Louisiane. Mais les paroles reflètent aussi sans doute l'expérience de Zachary comme militant cadien œuvrant à la sauvegarde de sa culture menacée d'extinction.

CONTRE VENTS, CONTRE MARÉES

J'ai marché

J'ai prié

J'ai ramé

J'ai crié

Contre vents,

Contre marées.

De Chignectou,

Au Bayou Teche.

De Grand Pré,

A Grand Mamou,,

J'ai marché,

J'ai prié,

Et je n'ai jamais oublié.

Combien de temps

Ça prendrait

Les pardonner,

Les arrêter . . .

J'ai ramé,

J'ai crié,

Et je n'ai jamais oublié.

émissions de télévision mettant en vedette des personnages cadiens, dépeints pour la plupart comme des ignorants et des violents, qui habitaient des marécages. Parmi ces productions, on trouve le long-métrage *Southern Comfort*, où un groupe de Cadiens se met à la poursuite meurtrière d'une division de la Garde nationale qui s'entraînait dans les marécages. Quant au film *The Big Easy*, il représente à tort la culture cadienne rurale comme faisant partie intégrante des réalités de la ville de La Nouvelle-Orléans. (En réalité, La Nouvelle-Orléans se situe en dehors de la Louisiane cadienne et ne présente qu'une très faible population cadienne par rapport aux autres régions de l'État.)

Pendant que l'engouement pour tout ce qui était cadien gagnait la nation, le sud de la Louisiane ressentait les contre-coups du désastre économique des années 1980 provoqué par l'effondrement du prix du pétrole. La crise pétrolière mit des milliers de Cadiens au chômage. Pour trouver du travail, beaucoup d'entre eux durent quitter la région et émigrer dans les villes d'Atlanta, Nashville, Orlando, Denver, Austin, Seattle et même plus loin où ils furent submergés dans la culture américaine dominante, dite *mainstream*. Coupés de leurs racines dans le sud de la Louisiane, ils ressemblaient encore davantage à l'Américain moyen. Cela était encore plus vrai en ce qui concerne les enfants des Cadiens déplacés, car ils évoluaient dans un monde complètement démuni d'influences cadiennes importantes comme, par exemple, la présence d'adultes francophones.

Au milieu des années 1980, la culture cadienne semblait encore une fois sur le point de s'éteindre. Pourtant, la résurgence de l'identité cadienne lui insuffla une nouvelle vitalité grâce à l'engagement des jeunes parents cadiens qui, malgré le fait qu'ils étaient incapables de s'exprimer en français, avaient vécu le premier mouvement de renaissance cadienne pendant les années 1960, lorsqu'ils étaient enfants. Leurs parents avaient refusé de leur transmettre le français, et ils avaient été trop âgés pour béné-

Militant de la culture cadienne, Zachary Richard (au centre, le poing levé) invite ses compatriotes cadiens à être fiers de leur héritage. Les drapeaux en arrière-plan portent la devise : « Solidarité et fierté ». Avec l'aimable autorisation d'Elemore Morgan, Jr.

ficier des premiers programmes du CODOFIL. Ces parents cadiens souhaitaient offrir à leurs enfants ce dont ils n'avaient pas pu bénéficier eux-mêmes : la possibilité de parler français.

Malheureusement, les enfants dans les programmes du CODOFIL à l'école primaire ne recevaient que trente minutes d'instruction de français par jour, à peine de quoi offrir une faible introduction à la langue. Reconnaissant les carences de ses programmes, le CODOFIL chercha de nouveaux moyens d'introduire le français dans les écoles publiques de la Louisiane. Il trouva enfin une solution dans le système d'éducation bilingue du Canada où les enfants étaient immergés dans une langue seconde presque toute la journée : les mathématiques, les sciences, la lecture, l'histoire et d'autres matières étaient présentées dans la langue seconde, que les élèves acquéraient rapidement.

Jimmy Domengeaux, qui est toujours président du CODOFIL, et le Département d'Éducation de la Louisiane introduisirent l'immersion en français dans les écoles publiques de l'État. Comme ils l'avaient espéré, cette méthode d'enseignement basée sur le modèle canadien fonctionna bien en Louisiane, et la demande chez les parents, les enseignants et les enfants se répandit peu à peu d'une paroisse (département) à l'autre. La Louisiane mit vite en œuvre plus de vingt programmes d'immersion en français, assurant l'enseignement de près de trois mille élèves à travers l'État. « *Le vocabulaire appris par un élève du secondaire en une semaine est acquis par les élèves du Cours préparatoire [First and Second Graders] en un ou deux jours*, observa un enseignant avec enthousiasme. *Il en est de même pour les structures de la langue et la prononciation* ». Un autre enseignant ajouta : « *Mes élèves peuvent tout faire en français alors qu'avant, les enfants n'apprenaient que quelques mots de base* ».

Au cours de cette même période, il y eut un événement qui transforma la perception des Cadiens qu'avaient le gouvernement américain et le grand public. En 1980, un Cadien dénommé Calvin J. Roach (dont le nom français d'origine fut Roche), déposa une

La proclamation de la reine

Le 9 décembre 2003, la reine d'Angleterre Élisabeth II signa une proclamation royale reconnaissant l'expulsion des Acadiens de la Nouvelle-Écosse, survenue il y a presque 250 ans. Même si le geste demeure essentiellement symbolique, la proclamation représente une première pour le gouvernement britannique, qui qualifie l'expulsion d'erreur tragique.

Warren Perrin, avocat cadien d'Erath en Louisiane, mena la démarche d'obtention de la reconnaissance officielle. L'État de la Louisiane, tout comme le Congrès américain, vota en faveur de la demande de M. Perrin, qui trouva aussi un soutien important dans les provinces francophones du Canada. Au bout de treize ans de négociations, Élisabeth II signa cette proclamation, non pas en tant que reine d'Angleterre, mais comme reine du Canada, ancienne colonie britannique sur laquelle elle continue d'exercer sa juridiction.

Attendu que les Acadiens, par la vitalité de leur communauté, contribuent de façon remarquable à la société canadienne depuis près de quatre cents ans ;

Attendu que, le 28 juillet 1755, la Couronne, dans le cadre de l'administration des affaires de la colonie britannique de la Nouvelle-Écosse, a pris la décision de déporter les Acadiens ;

Attendu que la déportation du peuple acadien, communément appelée le Grand Dérangement, s'est poursuivie jusqu'en 1763 et a eu des Conséquences tragiques, plusieurs milliers d'Acadiens ayant péri par suite de maladies, lors de naufrages, dans leurs lieux de refuge, dans les camps de prisonniers de la Nouvelle-Écosse et de l'Angleterre ainsi que dans les colonies britanniques en Amérique ;

Attendu que Nous reconnaissons les faits historiques mentionnés précédemment ainsi que les épreuves et souffrances subies par les Acadiens lors du Grand Dérangement ;

Attendu que Nous souhaitons que les Acadiens puissent tourner la page sur cette période sombre de leur histoire ;

Attendu que, en vertu de la Constitution du Canada, le Canada n'est plus une colonie britannique mais un État souverain ;

Attendu que, lorsque le Canada est devenu un État souverain, la Couronne du chef du Canada et des provinces a succédé à la Couronne du chef du Royaume-Uni dans ses pouvoirs et prérogatives à l'égard du Canada ;

Attendu que Nous sommes, à titre de Reine du Canada, investie du pouvoir exécutif en vertu de la Constitution du Canada ;

Attendu que Notre présente Proclamation ne constitue d'aucune façon une reconnaissance de responsabilité juridique ou financière de la part de la Couronne du chef du Canada et des provinces et qu'elle ne constitue d'aucune façon une reconnaissance d'un quelconque droit ou d'une quelconque obligation d'une personne ou d'un groupe de personnes, ni n'a d'incidence sur un tel droit ou une telle obligation ;

Attendu que, par le décret C.P. 2003-1967 du 6 décembre 2003, la gouverneure en conseil a ordonné que soit prise une proclamation désignant le 28 juillet de chaque année, à compter de 2005, comme « Journée de commémoration du Grand Dérangement »,

Sachez que, sur et avec l'avis de Notre Conseil privé pour le Canada, Nous, par Notre présente Proclamation, laquelle prend effet le 5 septembre 2004, désignons le 28 juillet de chaque année, à compter de 2005, comme « Journée de commémoration du Grand Dérangement ».

De ce qui précède, Nos féaux sujets et tous ceux que les présentes peuvent concerner sont par les présentes requis de prendre connaissance et d'agir en conséquence.

En foi de quoi, Nous avons fait publier Notre présente Proclamation et y avons fait apposer le grand sceau du Canada.

plainte contre son ancien employeur, un fabricant d'équipement pour les champs pétrolifères. Roach prétendait qu'il avait été licencié après avoir contesté l'emploi répété de l'épithète *coonass* – terme perçu par certains comme un synonyme plutôt comique de « Cadien », mais par d'autres comme une insulte grave qui insinuait la stupidité, l'ignorance et le fait d'être arriéré. Mentionnons que Domengeaux considérait le mot hautement offensif et lança une campagne contre son utilisation, même par les Cadiens pour se désigner eux-mêmes.

Dans sa plainte, Roach affirma que son ancien employeur avait violé ses droits civils en le traitant de *coonass*. Le juge acquiesça, statuant que les Cadiens représentaient une culture distincte, protégée par la loi fédérale de toute pratique discriminatoire au travail. Cette décision marqua une première : le gouvernement fédéral reconnut alors les Cadiens comme groupe ethnique, point de vue bientôt corroboré par les généticiens qui trouvèrent que les Cadiens possédaient un génotype (trait génétique) commun les distinguant des autres peuples.

À l'instar de Roach, le militant cadien Warren A. Perrin fit appel au système judiciaire pour réparer une injustice. Mais dans ce cas, l'abus avait eu lieu deux siècles auparavant. En 1990, l'avocat cadien Perrin, originaire de la petite ville d'Erath dans le sud de la Louisiane, menaça de déposer une plainte contre l'Angleterre si elle refusait de reconnaître la tragédie de l'expulsion des Acadiens. En 2003, suite à treize ans de négociations – durant lesquels Perrin avait pris la succession de Domengeaux, décédé, comme président du CODOFIL – Élisabeth II, reine d'Angleterre, fit publier une proclamation royale déplorant l'expulsion.

La proclamation royale reconnaît les « conséquences tragiques » de l'expulsion, « plusieurs milliers d'Acadiens ayant péri par suite de maladies, lors de naufrages, dans leurs lieux de refuge, dans les camps de prisonniers de la Nouvelle-Écosse et de l'Angleterre ainsi que dans les colonies britanniques en Amérique [. . .]. Nous reconnaissons les faits historiques mentionnés précédemment ainsi que les épreuves et souffrances subies par les Acadiens lors du Grand Dérangement ».

Dans son poème épique intitulé *Évangeline,* l'écrivain américain Henry Wadsworth Longfellow, décrit la déportation comme un « exil sans fin ». Mais Perrin nota avec perspicacité qu'« avec la signature de la Proclamation royale, une fin symbolique a été déclarée ». Près de 250 ans après leur expulsion de la Nouvelle-Écosse, les Acadiens et leurs descendants cadiens n'étaient plus un peuple exilé.

Les vedettes cadiennes dans le domaine des sports

Lorsque, au début des années 1950, les sociologues firent des études sur les adolescents cadiens qui habitaient la campagne, ils découvrirent que beaucoup aimaient non seulement écouter de la musique populaire, regarder des films et passer du temps avec leurs amis dans les *malt shops*, mais qu'ils affectionnaient également les sports. Les facteurs d'américanisation tels que l'école publique, la radio et la télévision présentaient aux jeunes Cadiens des passe-temps singulièrement américains, dont le baseball, le basket et la boxe, entre autres.

Les Cadiens entrèrent vite au panthéon des athlètes professionnels. Parmi les premiers à y accéder furent les frères Jay et Lionel Hébert qui, entre les années 1950 et 1970, atteignirent le rang le plus élevé qui soit dans le monde du golf. Lionel gagna le championnat de la PGA (*Professional Golfers' Association*) en 1957 et Jay le gagna en 1960. Ils devinrent les seuls frères à gagner des titres nationaux en golf.

En baseball, Ron Guidry, surnommé « l'éclair louisianais », se distingua au cours des années 1970 et 1980 comme lanceur pour l'équipe des Yankees de New York. En 1978, il reçut le prix Cy Young, décerné par la ligue américaine et fit partie de leur équipe de champions. Il fut voté joueur de l'année par la ligue majeure de baseball et gagna sa deuxième Série mondiale. De même, Gil Meche quitta la région cadienne vers la fin des années 1990 et devint lanceur pour les Mariners de Seattle et les Royals de Kansas City. En 2007, il fut sélectionné pour faire partie de l'équipe de champions de la Ligue américaine.

En football, Bobby Hébert et Jake Delhomme se distinguèrent comme *quarts-arrières* (joueurs qui dirigent les attaques) pour la NFL. Connu comme le « canon cadien », Hébert joua pour les Saints de La Nouvelle-Orléans et les Falcons d'Atlanta dans les années 1980 et 1990, conduisant les Saints à leur première série éliminatoire (*playoffs*). Delhomme fut *quart-arrière* pour les Saints puis les Panthers de la Caroline, menant l'équipe au XXXVIIIe Super Bowl en 2004.

Mais le sport dans lequel les Cadiens ont le mieux réussi comme groupe ethnique est la course de chevaux, sport qu'ils avaient maîtrisé bien avant que le football, le baseball ou les loisirs de l'Amérique profonde n'arrivent dans le sud de la Louisiane. La course hippique en Louisiane remonte au dix-neuvième siècle lorsque les Cadiens faisaient la course un peu partout dans la région sur des pistes droites de terre. De cette tradition jaillit une série de jockeys cadiens célèbres, dont Eddie Delahoussaye, Kent Desormeaux et Calvin Borel qui, ensemble, gagnèrent le *Kentucky Derby* à huit reprises entre 1982 et 2010. De même, Delahoussaye, Desormeaux, Borel et leur compatriote cadien, Robby Albarado, gagnèrent chacun la célèbre *Preakness Stakes* entre 1988 et 2010 (deux fois par Desormeaux). Et Desormeaux gagna le Belmont Stakes en 2009.

Conclusion

Quatre cents ans après l'arrivée de leurs ancêtres en Amérique du Nord, les Cadiens franchissent le seuil du vingt et unième siècle en tant que peuple distinct. Plutôt que d'être engloutis par l'âge de l'informatique, ils se sont adaptés, comme ils ont coutume de le faire, à la révolution numérique, créant des CD-ROM ainsi que des sites Internet qui font la promotion de leur histoire et de leur culture. Si l'on inscrit le terme *cadien* dans un des moteurs de recherche les plus populaires, on obtient plus de vingt-huit millions de réponses, ce qui reflète une présence cadienne croissante sur Internet. Un historien a même inventé le terme « *cybercadien* » pour désigner les membres de cette communauté cadienne virtuelle.

Les Cadiens occupent actuellement des postes dans pratiquement tous les domaines – depuis l'agriculture au droit en passant par la médecine et l'exploration de l'espace. Certains sont parvenus à la notoriété, dont le chef de cuisine Paul Prudhomme, le peintre George Rodrigue, les musiciens Zachary Richard et Sammy Kershaw, le sénateur américain John Breaux, la militante pour les droits de la personne Helen Préjean, le joueur de baseball Ron Guidry, les joueurs de football américain Bobby Hébert et Jake Delhomme et, enfin, Ali Landry, mannequin et actrice.

Toutefois, même si les Cadiens ont su se trouver une place dans le monde contemporain, leur avenir reste incertain. Réussiront-

ils à empêcher le français cadien de disparaître à tout jamais ?
Sinon, pourront-ils maintenir leur identité ethnique distincte en
tant qu'anglophones ? Dans les années qui viennent, les Cadiens
devront faire face à ces questions et à d'autres questions tout aussi
difficiles et y formuler leurs propres réponses. Quelle que soit leur
langue de communication et où qu'ils se trouvent, les générations
de Cadiens à venir feraient bien de garder à cœur l'inscription
gravée sur une pierre près de la flamme éternelle du Monument
acadien au Bayou Teche à Saint-Martinville : « *Un peuple sans passé
est un peuple sans futur* ».

Chronologie

1604—L'explorateur français Pierre de Monts fonde l'Acadie.

1613—L'établissement acadien de Port-Royal est abandonné après sa mise à sac par des maraudeurs britanniques.

1629—Des habitants écossais occupent le site de Port-Royal.

1632—La France reprend Port-Royal aux habitants écossais ; la Compagnie de la Nouvelle-France y amène les « premières familles ».

1635–50—Les Acadiens sont pris dans une guerre civile fratricide entre deux rivaux, Charles d'Aulnay et Charles de la Tour.

1654—Les Britanniques arrachent l'Acadie à la France.

1670—La France reprend possession de l'Acadie. Les Acadiens deviennent un peuple distinct, occupant une place de plus en plus importante au sein de la colonie.

1710—Les Britanniques reprennent l'Acadie à la France et rebaptisent la colonie la Nouvelle-Écosse.

1713—La France cède définitivement l'Acadie aux Britanniques ; la Proclamation de la reine Anne assure le droit de propriété aux Acadiens qui restent en Acadie.

1730—Suivant les Conventions de 1730, les Acadiens jurent allégeance à la couronne britannique en échange de la reconnaissance de leur neutralité en temps de guerre.

1754—Le commandant Charles Lawrence devient Lieutenant-gouverneur de la Nouvelle-Écosse et prépare l'expulsion de toute la population acadienne.

1755—Sous Lawrence, les Britanniques entament l'expulsion des hommes, des femmes et des enfants Acadiens.

1764—Le premier groupe d'exilés acadiens arrive dans la colonie espagnole de Louisiane, à la recherche d'une terre d'accueil.

1765—Le combattant pour l'indépendance, Joseph Broussard, dit Beausoleil, guide le premier groupe important d'exilés acadiens en Louisiane ; le Compact de Dauterive attire les exilés vers la région des Attakapas en Louisiane où, avec leurs descendants, ils s'installent en permanence.

1768—Les exilés acadiens s'unissent à d'autres révoltés pour renverser le gouverneur espagnol en Louisiane, participant ainsi à la première rébellion américaine pour l'indépendance.

1779–81—Sous le gouverneur espagnol, Bernardo de Gálvez, les exilés acadiens participent à la défaite des troupes britanniques pendant la Révolution américaine.

1785—Un important groupe d'exilés acadiens provenant de France arrive en Louisiane.

1803—Les exilés acadiens en Louisiane deviennent citoyens américains lorsque Napoléon Bonaparte vend le territoire aux États-Unis.

Les années 1810—Les exilés acadiens et leurs descendants se trouvent éparpillés à travers la région du sud de la Louisiane et voient leur société se diviser en une petite classe moyenne, une petite classe privilégiée et une masse de fermiers pauvres qui continuaient à pratiquer l'agriculture vivrière et préservaient l'héritage traditionnel.

1861–65—La Guerre civile américaine ravage le sud de la Louisiane, réduisant les Acadiens à la misère.

1865–77—Pendant la Reconstruction, les Acadiens se marient avec des gens d'autres groupes ethniques sans moyens et deviennent *les Cadiens*.

1877–1941—Origine et développement de la culture cadienne traditionnelle, y compris la musique et la cuisine cadiennes.

1916—Des milliers d'enfants cadiens sont scolarisés grâce à une nouvelle loi décrétant l'éducation obligatoire.

1921—La nouvelle constitution de l'État désigne l'anglais comme langue exclusive du cadre pédagogique, incitant la punition des enfants cadiens qui parlent français à l'école.

1941–45—L'engagement des États-Unis dans la Deuxième Guerre mondiale entraîne les Cadiens dans les événements mondiaux, déclenchant ainsi leur américanisation.

1944—Le congrès des États-Unis passe le *G.I. Bill of Rights* permettant aux vétérans, dont des milliers de Cadiens, de terminer leurs études et de se procurer des maisons neuves et des commerces.

Les années 1950—Une époque de prospérité pour beaucoup d'Américains, y compris beaucoup de Cadiens qui, grâce à l'éducation et au travail bien rémunéré dans l'industrie pétrolière, accèdent au « rêve américain » par l'acquisition d'articles de luxe comme des automobiles et des téléviseurs.

Les années 1960—Le français a presque disparu chez les jeunes Cadiens.

1964—Le musicien cadien Dewey Balfa joue devant des foules enthousiastes au Newport Folk Festival dans le Rhode Island, expérience qui transforme le chanteur en militant culturel.

1968—Poussés par les mouvements de revendications identitaires et de fierté ethnique, les Cadiens s'organisent pour sauver leur héritage ; le Conseil pour le Développement du Français en Louisiane (CODOFIL) est fondé pour promouvoir l'enseignement du français dans les écoles publiques.

1972—Le premier gouverneur cadien de la Louisiane, Edwin Edwards, est élu à l'aide du slogan « *cajun power* » ou « force cadienne ».

1974—Le premier hommage à la musique cadienne rehausse le statut de l'étude de la musique traditionnelle et fait des musiciens cadiens des ambassadeurs culturels ; l'État de la

Louisiane adopte une nouvelle constitution qui protège le français.

Les années 1980—La crise pétrolière détériore l'économie de la Louisiane, obligeant beaucoup de gens à chercher du travail à l'extérieur de l'État ; la popularité de la cuisine cadienne déclenche un engouement national ; la culture cadienne est exploitée en raison du profit qui peut en être tiré.

1980—Calvin J. Roach poursuit en justice son employeur pour l'usage du terme dérogatoire « *coonass* » au travail, ce qui aboutit à la reconnaissance des Cadiens comme groupe ethnique distinct par le gouvernement fédéral.

1981—Le CODOFIL introduit l'immersion française dans les écoles publiques en Louisiane.

2003—La reine d'Angleterre reconnaît l'expulsion des ancêtres des Cadiens de la Nouvelle-Écosse.

Note sur les noms
de familles historiques

Pour faciliter la lecture, j'ai raccourci le nom de certaines personnalités historiques françaises. Par exemple, le nom de Pierre Duguay sieur de Monts est abrégé en Pierre de Monts ; Jean de Biencourt de Poutrincourt en Jean de Poutrincourt ; Charles de Biencourt de Saint-Just devient Charles de Biencourt ; Charles de Saint-Étienne de la Tour devient Charles de la Tour ; Charles Menou d'Aulnay devient Charles d'Aulnay, René-Robert Cavalier, sieur de la Salle devient René de la Salle ; Jean-Baptiste Le Moyne, sieur de Bienville devient Jean-Baptiste de Bienville ; et son frère, Pierre Le Moyne, sieur d'Iberville devient Pierre d'Iberville.

Bibliographie et lectures recommandées

Les jeunes lecteurs trouveront peut-être ces livres trop avancés, mais les amateurs plus mûrs apprécieront l'approfondissement de l'histoire et de la culture cadiennes qu'ils offrent.

Ancelet, Barry Jean. *Cajun Music : Its Origins and Development.* Lafayette : Center for Louisiana Studies, University of Southwestern Louisiana, 1989.

Ancelet, Barry Jean, Jay Edwards et Glen Pitre. *Cajun Country.* Jackson : University Press of Mississippi, 1991.

Ancelet, Barry Jean, et Elemore Morgan, Jr. *Cajun and Creole Music Makers : Musiciens Cadiens et Créoles.* Jackson : University Press of Mississippi, 1999. Publié précédemment sous le titre *The Makers of Cajun Music/Musiciens Cadiens et Créoles.* Austin : University of Texas Press, 1984.

Bernard, Shane K. *The Cajuns : Americanization of a People.* Jackson : University Press of Mississippi, 2003.

———. *Swamp Pop : Cajun and Creole Rhythm and Blues.* Jackson : University Press of Mississippi, 1993.

Brasseaux, Carl A. *Acadian to Cajun : Transformation of a People, 1803–1877.* Jackson : University Press of Mississippi, 1992.

———. *The Founding of New Acadia : The Beginnings of Acadian Life in Louisiana, 1765–1803.* Baton Rouge : Louisiana State University Press, 1987.

———. *"Scattered to the Wind" : Dispersal and Wanderings of the Acadians, 1755–1809.* Lafayette : Center for Louisiana Studies, University of Southwestern Louisiana, 1991.

Brasseaux, Carl A., Marcelle Bienvenu, et Ryan A. Brasseaux. *Stir the Pot : The History of Cajun Cuisine.* New York : Hippocrene, 2005.

Clark, Andrew Hill. *Acadia : The Geography of Early Nova Scotia to 1760.* Madison : University of Wisconsin Press, 1968.

Faragher, John Mack. *A Great and Noble Scheme : The Tragic Story of the Expulsion of the French Acadians from Their American Homeland.* New York : Norton, 2005.

Jobb, Dean W. *The Cajuns : A People's Story of Exile and Triumph.* New York : Wiley, 2005.

Perrin, Warren A. *Acadian Redemption : From Beausoleil Broussard to the Queen's Royal Proclamation.* Erath, La. : Acadian Heritage and Cultural Foundation, 2004.

Remerciements

J'aimerais remercier Warren A. Perrin, ancien président du CODOFIL, et David Chéramie, son ancien directeur, d'avoir participé à la correction des épreuves ; le professeur Carl A. Brasseaux de l'Université de Louisiane à Lafayette pour ses conseils et les illustrations ; le professeur Barry Jean Ancelet de l'Université de Louisiane à Lafayette pour ses conseils ; Seetha Srinivasan, Craig Gill, Anne Stascavage, Shane Gong Stewart, Todd Lape, Walter Biggins et Steven B. Yates de la University Press of Mississippi, et ma réviseure, Ellen D. Goldlust-Gingrich, pour leur précieuse collaboration.

Je voudrais aussi remercier la Délégation du Québec à Atlanta, Georgie, et le Ministère des Relations internationales du Québec (et plus particulièrement mes contacts principaux, Ginette Chenard et Jennifer Fortin), qui ont arrangé les fonds pour la traduction de ce livre en français.

J'aimerais aussi remercier Christina Becker de la Société de Champlain à Toronto (Canada) de m'avoir permis de citer la traduction faite par la Société de la *Relation du Voyage du Port-Royal de l'Acadie ou de la Nouvelle-France* de Dièreville ; Jean-François Mouhot et l'Association historique de la Louisiane de m'avoir permis de citer la traduction de la lettre de Jean-Baptiste Semer ; Elemore Morgan, Jr. de m'avoir vendu les droits de photographies historiques importantes ; et Zachary Richard de m'avoir autorisé à citer les paroles de sa chanson *Contre vents, contre marées*.

Index